人間佛教讀書會

閱讀悅讀

超越時空的青春紀事

全民閱讀博覽會開幕式，
二千多位愛書人揮舞著好書，
大聲說出閱讀最快樂！

他們透過讀書會的學習和互動，在佛法熏習下，
超越年齡，感受生活有書香

人間佛教讀書會26週年

全民閱讀博覽會
生活有書香

因書而貴 因書而富
——人間佛教讀書會二十週年

總會長的話／星雲大師　佛光山開山宗長

我出生在揚州一個窮苦的農村家庭，因為家裡貧窮，從小沒有見過學校，也沒有進過學校念書，至今連一張小學畢業證書都沒有。到了有書真正可以讀的時候，已經超過學齡，直到十二歲那年，我在棲霞山剃度後進入棲霞律學院就讀，讀書成了我生命中的重要資糧。假如說我不讀書，現在的情況實在很難想像。

因為對讀書的渴望，我向常住爭取管理圖書館的工作，藉由整理書籍的機會，可以閱覽群書，甚至夜晚熄燈後，我還躲在棉被裡點著線香偷偷看書。少年的我，也可以說藉由這些中國古典小說，如《岳飛傳》、《荊軻傳》、《三國演義》、《七俠五義》及歷代高僧傳記、歷史典籍等，培養了我許多觀念，歷代多少的英雄好漢，經歷艱難困苦，無形中都激勵我要立志、要奮發向上讀書，真是滋養了我一生的成長，啟發我做人要有情有義、要有正義感、要正派。因此，我非常鼓勵每個人都要養成讀書的習慣。

我一生就希望成全別人讀書，甚至經常想著要如何推動讀書，也因此我從小學校長做起，後來辦幼稚園，創辦佛教學院、小學、初中、高中，乃至在澳洲、美國、菲律賓及臺灣創辦四所大學，主要目地就是希望大家來讀書；即使集合百萬人心血創辦學校，也是想號召大家多讀書。也由於自己愛好閱讀，體會到文字的影響力很大，因此從青少年起，我就歡喜寫作，多年來一直持續不斷。

在弘法過程中，經常有人問我：你是怎麼在全世界各地，建起那麼多個寺廟、辦那麼多所學校？簡單地說，都是因為書把佛光山建起來的。這是什麼道理呢？

像佛光山這麼大一塊地，我怎麼買下來的呢？其實，不是我買的，是玉琳國師買的。大家一定覺得很奇怪，玉琳國師是清朝順治皇帝時候的人，他怎麼會在現代買地呢？實際上，是我寫《玉琳國師》這本書的版稅買的。六十幾年來，這本書翻印了不只五十版以上。

那麼大悲殿是怎麼建的，我也告訴大家，那是觀世音菩薩建的。因為曾學了三個月的日文，嘗試翻譯一本日文的《觀世音菩薩普門品》，就取名為《觀世音菩薩普門品講話》，也不曉得印了幾十版，我就把所得版稅拿來建大悲殿了。

我們看古今中外一個國家有多大的力量，就看他們讀書的風氣。日本全國上下，不但在學校裡讀書、在家庭裡讀書，甚至火車上、電車裡，都是人手一冊。乃至於歐美有些國家，他們的青少年也寧可把買漢堡的錢，拿來買一本書閱讀。

中國古代自從文武、周公、孔子提倡學術、詩書、禮樂以後，改變了社會的風氣；甚至唐詩、宋詞、元曲、明清的小說，都為中國社會提倡文化建國的偉大力量。

二〇〇一年我在澳洲弘法，繁忙之餘，不曾忘記必須推動讀書會。尤其佛教徒沒有讀書的習慣，整個華人閱讀的風氣也不盛，雖然自己從小沒讀過什麼書，怎樣推動讀書會也不是很有經驗；不過，總有很多榜樣讓我依樣學樣，過去有私塾、書院、補習班、義學等，我想推動讀書會只要有人，應該就不難了。

於是，我在澳洲我就提議起草讀書會的章程辦法，從填表、報名、審核、通過號，就可開始運作其相關章程辦法。人間佛教讀書會成立滿二十年了，在全球成立了兩千多個讀書會，過去有人說只要我們中華民族有讀書的種子，有讀書人，中華民族就會不斷地發揚光大，中華文化就會在世界上熠熠生輝。

書中有什麼？

／星雲大師　佛光山開山宗長

古人說：「書中自有黃金屋，書中自有顏如玉。」在古老的時代，沒有電視機、收音機，人們只能從閱讀書籍與語言交談中得知天下事。所謂「秀才不出門，能知天下事」，就是說明「書」的重要性。

書籍不但能增加我們的知識、智慧，改變我們的氣質、品德；讀書更能開擴我們的思想、見聞，讓我們真正認識宇宙人生。所謂「開卷有益」，只要我們善擇好書，多讀書必然對自己的人生有很大的助益，因為：

第一、書中有知識：現在是個知識爆炸的時代，網路上的資訊包羅萬象，而且傳遞迅速。處在這個時代，唯有終身學習，吸取新知，才能因應不斷改變的世界。而獲得新知、充實知識的途徑，除了網際網路以外，「書」是另一個最佳的媒介。根據報導，現在舉世每年都有十萬本新書問世，每個人一天要讀二八八本書才能跟上時代，所以唯有多讀書，才有豐富的知識，才不會被時代淘汰。

第二、書中有明鏡：歷史書中的成敗興衰，能讓我們鑑古知今；勵志書中的名言佳句，能作為我們待人處世的殷鑑；故事書中的忠奸善惡，能幫助我們明因識果，增加對人生的理解。除此以外，只要是有益身心的書籍，都可以作為我們的明鏡，藉以認識自己，看清人生。

第三、書中有前途：書，好比是我們人生道路的指南針，指引我們人生的前途；也好比是人生道路的食糧，隨時補充足夠的能量。諸如性向的分析、工作的選擇、職場優劣剖析等，都是人生很好的參考書。

第四、書中有世界：資訊發達的現代社會，如何讓「八千里路雲和月」成為「小小世界」，只要手中握有旅遊手冊、名勝導覽、介紹古蹟文物的雜誌等，就可以「臥遊天下」，足不出戶也能飽覽世界風光。

第五、書中有方法：工具書是我們讀書、工作的好幫手，除此以外，現今有許多書標榜著如何讀書的方法、致富的方法、成功的方法，甚至烹飪、園藝、美工等各類書籍，只要懂得好好利用，都可以在生活中發揮助益。

第六、書中有自己：宗教書籍有別於世間一般書籍，藉由分析人生實相，讓我們認識人生，了解自己，讓自己不再受虛妄煩惱所惑，所以閱讀正信宗教的書籍，可以找到自己。

讀書要靠日積月累，要持之有恆，而且不能把讀書當兒戲，不能輕忽為之；讀書是很認真的事業，讀書是每日必做的功課，所謂「三天不讀書，言語乏味」，所以唯有養成每日讀書的習慣，才能建立「書香人生」。

序

邁向光明與希望的新願景

／心保和尚　佛光山現任宗長

各位佛光人大家好、大家吉祥：

開卷有益十方緣
心如明月植心田
海會雲集智慧花
書香生活滿人間

人間佛教讀書會在創會會長星雲大師帶領之下，成立至今已屆滿二十年了，全球現有各類型讀書會已超過三千個家族成員，攜手同心協力、集體創作，秉持讀活書、活讀書及「生活書香化」人間佛教的理念為根基，藉此志同道合的佛光人，倘佯遨遊書香法海，如同飛越崇山峻嶺，找到自我學習成長環境，符合自我興趣又可增進佛學素養及道業的讀書會。

現今各類型讀書會家族，來自社會各階層，以不同職場及工作環境，將以佛光叢書為基礎結合佛教經典架構，循序漸進、潛移默化「聞思修正」四層次引導前題方式，進而深入經藏智慧如海，適時建構人間佛教擴充知識核心價值觀及學習優質平台，海會雲來集「悅」讀新思維、新領域及新觀念，進而精進修持深入三摩地，對於常時薰修學習佛法、瞭解人生百態、職場實務經驗、待人處事接物、婆媳相處……等等諸多種種問題，彼此交換心得，從中增廣見聞、努力向上向善獲益良多，更能陶冶性情及提升心靈信仰層次，咀嚼般若法味，適時開拓學習佛法領域寬廣度，並充實生活技能與內涵，鼓勵佛光人都要參加讀書會及養成讀書的良好習慣，讀好書可以明辨是非、知書達禮、應對進退且獲得行禮如儀正確人生價值觀，達到心開意解、快樂滿足新境界，一切圓融無礙、平安順遂，滿載而歸。

近年來新冠肺炎疫情嚴峻，人間佛教讀書會不受疫情影響，透過網路視訊，以回歸佛陀本懷為導向，解行並重啟發改變，培養慈悲同理心，以傾聽換位思考，將佛法融入日常生活中，用心轉境、輕鬆學習，彼此關懷慰問照顧，為世間在黑暗中點亮一盞明燈，傳達正能量，得到法喜自在歡喜的反饋。

時光飛逝、歲月如梭，荏苒時光不復回，為迎接未來嶄新二十年，應持續性、經常行，將全方位人間佛教理念以深入淺出、淺顯易懂方式及善巧方便給人信心與歡喜推廣諸世間，做好永續經營傳承工作，適時集體創作發掘人才、智慧創新分工合作，積極培養講師群與資深帶領人，將人間佛教共讀、共學與共享生活模式，結合智慧創新「佛光雲宇宙」與時俱進定義未來，更符合及因應時代脈動潮流趨勢，促進全民「悅讀」風氣，讓參加讀書會能將佛法真善美契入主題，讀出歡喜、讀出感動、讀出身心靈的平靜、讀出獨立思考能力，讀出人生養分與啟發獲得新資訊，陪伴走向精彩人生之旅，譜出生命優美樂章，其達到心如皎潔明月、行事坦蕩光明清境無為境界，才能翻轉人生理想與目標，深刻體會歲月靜好，美滿人生的新視野，共同邁向光明與希望美麗新願景。

序

腹有詩書氣自華

／依空法師　佛光山文化院院長

南宋理學大家朱熹有一首〈觀書有感〉詩：「半畝方塘一鑑開，天光雲影共徘徊；問渠那得清如許，為有源頭活水來。」描寫讀書使人心智開闊，生命有了活水。如果不讀書，心田乾涸像一攤止水，乃至一池死水，勢必枯槁而死，讀書的可貴於焉可見。

為什麼要讀書？讀書能與聖賢對話，增長智慧提高心靈境界。知識就是力量，

從書籍獲得知識經濟，可以轉變人生境遇，脫離貧窮。讀書可以免於無知，吸收專業知識，有能力解決困難。讀書是文化生命的內化，讀書人行止中和優雅，生活充滿情趣。讀書可以改變氣質，清朝大臣曾國藩說：「人之氣質由於天生，很難改變，唯讀書則可以變其氣質。」腹有詩書氣自華，誠不虛假。

讀書既然如此重要，那麼要讀什麼書呢？國學大師錢穆在《讀書與做人》一書中，提出五種業餘讀書：（1）修養類：例如論語、孟子、老子、莊子、朱熹《近思錄》、王陽明《傳習錄》、慧能《六祖壇經》。（2）欣賞類：各種文學作品，例如唐詩三百首、古文觀止、專家詩詞作品等。（3）博聞類：歷史、傳記、遊記、科學、哲學等。（4）新知類：報紙（例如《人間福報》）、雜誌（《普門》、《覺世》）、期刊（《人間佛教學報》）。（5）消遣類：四大小說、各種劇本、唐傳奇等。梁啟超在《佛學研究十八篇》中主張要閱讀三種書：知識性、專業性、智慧性（尤其是佛教經典）。

我們每天要吃三餐滋養色身，是否也不忘日日要閱讀增長智慧？宋代大文學家黃庭堅說：「士大夫三日不讀書，則義理不交於胸中，對鏡覺面目可憎，向人亦言語無味。」這就是後世「三日不讀書，面目可憎」

的由來，為了免於面目可憎，所以要經常讀書。那麼要如何讀書？宋代文壇領袖歐陽修提出「三上」讀書法：枕上、廁上、馬上。躺在床上、蹲在馬桶上、騎在馬背上都可以充分利用時間來讀書。原來斜倚床上享受讀書樂趣的現象是古今相同的。現代人廁所中放置各種報刊、雜誌，乃至在車上、飛機上都能快樂閱讀。東漢人董遇好讀書，他的「三餘」讀書法流傳千古：「冬者，歲之餘；夜者，日之餘；陰雨者，時之餘也。」這三餘都要好好運用拿來讀書，隨時隨地埋首書籍。幾年前我得了癌症，一切的工作、活動都放慢了下來，驀然察覺多出不少的餘暇，正好可以深入經藏，遊心法海，讀了三十幾本書，自許為「病者，命之餘」的讀書法。

胡適提倡讀書要有三習慣，要能勤奮鍥而不捨，要能謹慎使用資料，小心求證，要能謙和客觀不存成見。讀書的方法莫過於四到：眼到、口到、心到、手到。眼睛閱讀、口中朗誦、心領神會、手做札記。中唐大詩人白居易敘述自己苦節讀書說：「二十已來，晝課賦，夜課書，間又課詩，不遑寢息矣！以至於口舌成瘡，手肘成胝。」以白居易的天賦異稟，尚且如此勤學，口誦詩文日久長了舌瘡，手持典籍手肘都生了硬繭，難怪成為一代大文學家。

讀書究竟有什麼快樂？如何養成讀書的習慣？首先找自己有興趣的書來讀，然後慢慢培養讀書的興趣，為讀書而讀書，最後養成終身的閱讀習慣，累積慧命的道糧。莊子說：「吾生也有涯，而知也無涯。以有涯隨無涯，殆已。」生命有限，學問無盡，以有限的時間皓首窮經也無法遍讀世間的書籍。不是開卷都有益，要有益才開卷，所以要挑書來閱讀。「人間佛教讀書會」帶領大家閱讀的書應該都是好書，大家可以閱讀佛傳、高僧傳、佛教史、佛教教理、經典等等類別的寶藏，尤其是《星雲大師全集》，既可書香傳家，亦可以文會友、與人分享。謹以此文祝賀「人間佛教讀書會」成立二十週年的盛事。

序

讀書的力量
——賀「人間佛教讀書會」一十歲

／高希均　遠見・天下文化事業群創辦人

（一）書是啟發的「種子」。
（二）書是溫柔的「鞭子」。
（三）書是學習的「階梯」。
（四）書是沉默的「老師」。

（五）書是跨越無知的「橋樑」。
（六）書是治療愚昧的「醫生」。
（七）書是打開封閉的「大門」。
（八）書是逃脫貧窮的「捷徑」。
（九）書是知識的「地圖」。
（十）書是前進的「思索」。
離開書，你就輸。

序

讀書中有遊戲

／簡靜惠　臺灣 PHP 素直友會會長

二〇二二年九月初，素直友會的會心橋讀書會，來到臺灣的最南端：屏東行旅三日遊。新任會長林瑪莉規劃行程很仔細用心，大家都豐收滿滿，至今仍在回味中。

行前已先了解屏東的旅程住居，更把握當地可以參觀展覽的圖書館、美術館、地景與用餐地點。為了欣賞屏東看海美術館「眠夢」感官浮遊特展——大岩奧斯卡（Oscar Oiwa）360 度巨幅沉浸式創作，營造出魔幻的新視界，會長瑪莉要求大家要服裝配合「Dress Code」以增加參觀及學習的樂趣。她事先請大家要穿黑色或白色，或黑白交錯的服裝，包括鞋子、襪子、口罩……都需配合。果然到了現場，大家的穿著「非黑即白」，走在展場果然亮眼適配，與藝術家的作品融合在一起，人在畫中襯托得完美無瑕！證明有計劃安排的行程會為活動增添內涵和樂趣。

我在一九八七年創辦臺灣 PHP 素直友會，成立各個不同性質的讀

書會。讀書會一旦成立，各有角色各司其職，我也就退入群體成為其中之一員。我是友會創辦人，只是引導大方向。各會按照組織模式成立、自行運作，決定會名、書單、各有行政系統。

我也參與素直友會讀書會群的不同讀書會，比如成立最久的：會心橋讀書會、真誠會；有特色的：河洛語吟誦讀書會、午后書坊、史晨碑書法讀書會、紅外線（研讀《紅樓夢》）讀書會、茶粥共修會……；還有配合疫情而開始的：素直線上共讀、歡唱讀書會（雙月在戶外舉辦）……各會的聚會頻率時間各有不同，有是雙月聚、月聚、雙週聚、每週聚，大家都可在自由輕鬆的心情下讀書、唱歌與遊戲。讀書會有讀書有玩樂，在輕鬆中有學習有成長，讀書的習慣也就養成了。

因為我愛讀書又好奇愛玩的本性，常在各會中穿梭！會友們笑我：「簡老師是頭馬，也是回頭馬！」意思是我雖是友會總會長，但有好玩的事兒，也會投入其中，跟隨安排，而我常常是參與得最起勁、最投入的那一個，當然我也是讀書最認真的那一位！

偶然看到《GQ》雜誌，提到周杰倫：「我做音樂，不是討好聽眾，不如這樣說，我做音樂是改變聽眾的品味……」我沒這個雄心，我只是愛讀書也愛遊戲，更希望把書香帶入生活！

我發起組織讀書會，不是為參與者，不是好為人師，我只是希望在人們的生活中，加入書本的智慧，也加入遊戲的樂趣！

欣聞「佛光山人間佛教讀書會」業已成立二十年，透過這個讀書會研討、讀經典、讀佛法，辦得有聲有色。如今我也跟著學習佛法、讀佛經，心培和尚賜我法號「和曦」，我相信只要接近書，讓讀書成為習慣，佛法永遠是最重要的力量。

序

幸福與希望讀書會

／柴松林　《人間福報》總主筆

恭賀人間佛教讀書會成立二十週年

一、有時間、有能力讀書謂之福。

二、有直諒多聞之友共讀謂之福。

三、讀友各將其所讀之心得與眾共享則可博謂之福。

四、眾讀友同讀一書而各申己見，合而成專一謂之福。

五、於無垠之境，尋求重大、急迫、實出之節點，施力對治之謂之福。

六、散市全球五大洲之讀友，於公務、商貿、講學、旅遊，於活動過程中抽暇訪問當地讀書會，交換心得，拓增見聞謂之福。

七、以不同方式進行的讀書會，場所移動，有內有外，有自有他；聲光化電，媒介相雜。讀友進行互訪，俾得體驗其精神，開拓其視野謂之福。

八、讀書會之讀友，各將其讀書之媒介物、書籍、手稿、錄音帶、光碟片等，終至成就一典藏豐富之圖書中心謂之福。

九、讀書會之初心，在於培養德行完善，知識豐富，堪稱智、仁、勇、美、毅俱備的謙謙君子，謂之大福。

序

閱讀

／洪蘭　台北醫學大學及中原大學講座教授

在高鐵上遇到一位朋友，她聽說我要去學校推閱讀，驚訝地說：「我們小時候，學校不但不推閱讀，還不准我們看課外書，連放在書包裡帶去學校都會被沒收。幸好那時有舊書攤和租書店，不然光憑課本那一點知識，怎能夠我們在社會上生活？但是閱讀明明是件很喜悅的事，我們以前拚著挨打也要去偷看，為什麼現在你要去推？」

唉！我說：「現在時代不一樣了，小時候知識來源少，大家有強烈的學習動機，班上只要有人弄到一本好書，就會全班傳閱，大家都練就一副一目十行的好本領，因為後面的人會不停地催你快點看完。在沒有任何娛樂時，我們還會發揮想像力，自己編故事來自娛。那時候的父母都忙於生計，沒時間跟我們說話，幸好有小說，讓我們從故事中學到一些人生的道理。小說裡面的人名是假的，但故事是真的，我們藉著書中人物的悲歡離合，抒解了心中的鬱悶；現在生活的人名是真的，但說的都是假話，令人沮喪！」

她頻頻點頭，表示贊同。

的確，我們從看的課外書中，學到了很多做人做事的道理，猶太的經典說：「太陽底下沒有新鮮事，已有之事必再有，已行之事必再行」，閱讀帶給我們智慧，而且不管什麼人都能從閱讀上獲益。英國的哲學家、政治家培根（Francis Bacon）說：「歷史使人聰明，詩歌使人富於想像，數學使人精確，自然哲學使人深刻，倫理學使人莊重，邏輯學和修辭學使人善辯，讀書能陶冶個性，每一種心理缺陷都有它特殊的補救良方」，而且現在的實驗發現閱讀跟創造力有關係，因為閱讀是發揮想像力最好的方法，而想像力是創造力的根本。我們看書是自己的想像力，但看電影是導演的想像力，若先看電影後看書，我們的想像力會被電影框住跳不出來。

講起來讀小說真是件快樂的事。我初到美國留學時常會想家，尤其碰到感恩節、聖誕節這種大節，同學都回家去過節了，諾大的校園空蕩蕩，一個人都沒有，幸好那時加州大學有個東亞圖書館，裡面藏有許多中文書，包括當時在臺灣被禁的書。我就在放假前，先抱一大堆書回宿舍，再買條吐司麵包，就這樣靠著閱讀好書，忘記一個人在海外過節的孤單。

我是直到那時，才了解到 alone 和 lonely 意義的不同，它們在中文的翻譯都是「單獨」，但是你可以在人很多的派對上，覺得很寂寞，但你也可以一個人（alone），只要有本好書，就一點都不會感到寂寞，書在心靈上的陪伴有時更有勝過人呢！

我過去也從來沒有感覺到倉頡造字的偉大，讀到他造字「天雨粟，鬼夜哭」時，還覺得很奇怪，鬼為什麼要哭？現在知道人類有了文字以後，我們的智慧發展就沒有了上限，沒有什麼叫不可能了，人會取代了神的地位，所以鬼要哭了。

閱讀超越時空的限制，只要願意，拿起書來看，就能跟幾千年前的祖先對話，享受他的智慧。以前，我也對自己能夠認字，覺得沒有什麼了不起，直到後來碰到閱讀障礙的學生，才發現能閱讀真是上天無比的恩賜，閱讀使我們能將前人的經驗內化成自己的，而不需要自己去碰壁受挫；我們可以從歷史的先聖先賢身上學習他流芳萬古的道理，也可以告誡自己不能像奸臣一樣遺臭萬年。

人能夠閱讀真的不是一件容易的事，我們大腦中有語言中心，卻沒有閱讀中心。說話是本能，閱讀是習慣，因為是習慣，所以需要誘導。父母若喜歡閱讀，孩子自然喜歡閱讀，因為大腦中的鏡像神經元是一出生就在運作的！史懷哲（Albert Schweitzer）說：「榜樣是教養中是唯一重要的東西」，更因為它不是本能，所以更加要從小培養閱讀的習慣。

閱讀像一把鑰匙打開人類知識的門，我一直認為父母給孩子最好的禮物就是教會他認字，養成他閱讀的習慣，因為它是人類少數愈用會愈精熟而不會愈少的東西。

欣聞「人間佛教讀書會」成立二十年了，而且在全球有近三千個讀書會家族，推廣「生活書香化」的使命感，讓更多讀書會員成為閱讀推手。

閱讀使我們在最短的時間內吸收到最多的資訊，因為眼睛一分鐘可以看六百六十八個字。在二十一世紀，人必須不斷地成長以跟得上時代，參加讀書會就是一個好方法，美國前總統歐巴馬曾說：「今天在教育上超越我們的國家就是明天在競爭上打敗我們的國家」。

閱讀吧！它是上天給你終身受用不盡的恩賜。

序

參加讀書會 人生更美好

／方隆彰 人文教育工作者

如果你參加過讀書會，可能會有這些經驗：

原本讀不懂或被卡住的地方，聽了別人的分享，突然通了；本來認為某句話或某一段是這個意思，經過彼此交流後，發現原來還有其他可能，甚至覺察到自己所知是有偏誤的；而有時在聆聽成員分享由內文連結的相關經驗後，也引發自己內在的共鳴，讓原本只是文意的靜態了解，突然感受到文字內在的生命動力……

這就是讀書會的魅力！

畢竟閱讀的目的不是只有讀「過」，還要能讀「懂」，才能消化、吸收成自己的一部分，進而將所知、所得，化為實際作為，讓人生是由「知解」到「行動」的持續過程。

這樣的學習，也許有少數天賦異稟者，可以靠自學就能達成，而如我一般平凡的大眾，也許經由相互合作，每個人貢獻一些些，就有可能避開「主觀」的框架，「所知有限」的偏狹，自然比較不易掉入「自以為是」的狀態，而不自知。

讀書會就是一個經由合作學習的成長團體，只要彼此願意開放，相互信任，在過程中，不只學習有效表達、積極聆聽，更能接收到多元刺激，活化思考，於是，理解角度增加了，知解寬度拓展了，思維的深度也自然扎根了。

更可貴的是：讀書會的持續學習過程，不只如細水長流般地，可以將所學點滴入心，更在每一次的分享、交流中，彼此映照、相互借鏡，也在充滿支持、接納的情境中，生命有了更多「自覺」與「醒悟」的契機。

二十年來，人間佛教讀書會一步一腳印地將「生活書香化」的理想，化為實際行動，由成立讀書會，辦理帶領人培訓，到培養推廣讀書會的講師，同時，也由臺灣拓展到海外，這樣持續不懈的過程，正是符合讀書會「終身學習」的精神。

學習的過程，難免會有起起伏伏，記得剛開始辦理讀書會時，邀約成員加入時，大家都肯定「讀書」的重要，可是，一聽到要參加「讀書會」，有些人就會回應說：「聽說讀書會要講話，我不會說啦，不要找我！」「如果要我發言，我就不參加。」「要讀書喔？我又看不懂！」「經典那麼難，說錯了會被笑，你去找有學問的師兄、師姐吧！」

聽到這些聲音，我會帶著玩笑的口氣說：「就是不會說，剛好來參加練習啊，多練幾次，就會進步了。」「如果都讀懂了，就可以去開班授課了。」「讀書會就是可以將不懂的部分提出來請教，成員中可能有些人知道，聽聽他們怎麼說，自然就會增加了解啊，而且，讀書會沒有考試，不用怕被當掉啦！」

當初的這些疑慮、擔心，經過這些年的實際投入和學習，回首來時路，相信會回應說：「還好有參與讀書會，讓人生變得更美好！」

序

書香滿人間

／覺培法師　人間佛教讀書會總部執行長

時光荏苒，讀書會的成立，一回首已經二十年了，二十年對一個人來說，應該正是年輕的階段，對一個組織的發展，也還在不斷精進的時期。從一開始創辦人星雲大師以非常鮮明「生活書香化」的理念，鼓勵信眾們「信奉佛教不能不深入佛法」，並以「暖身」、「主題討論」、「結論」三段式作為讀書會的架構，以人為本地強調「人人都是老師」，要有對話思考的交流，要能快樂的將讀書視為一種生活，於是有了各類型讀書會的誕生，從山水讀書會、親子讀書會、婆媳讀書會、下午茶讀書會、說唱讀書會、電影讀書會，到後來的各種經典讀書會……。就在這麼一個「快樂」的原則下，讓

原本對讀書刻板印象的大眾，有了一個翻轉的機會。這翻轉，讓一個可能只是拜佛學佛的一群人，變成充滿生機，可以深談交流，甚至喜歡上了如此「以法相會」的同參道友（法同舍）。這是星雲大師的睿智，更是在冷漠孤獨的社會裡，透過共讀的激盪，燃起溫暖的智慧之光，藉此深入佛法的其中妙義，知道如何展開生活上的實踐。

在這樣的架構下，讀書會的帶領方法就成了非常重要的一環，畢竟大家從小習慣「一言堂」的聽課，誰會講，就找那個人擔任帶領人，可這下沒人敢擔起這樣的任務，難道帶領人要很有學問嗎？感謝陳怡安教授、簡靜惠老師以及方隆彰老師等，他們以數十年的教育經驗，指導了「四層次帶領討論法」、「帶領人精神與態度」、「組織的經營與管理」、「讀書結構法」、「聽與說」等各種豐富的經驗傳授，讓初初不懂得帶領讀書會的我，有了一個更清楚的輪廓，如何有效提問，如何啟動思考討論的方法，不僅讓學員們了解「對話」源於「傾聽」，「傾聽」則需「如實映照」對方的處境，理解對方的狀態，不加諸個人的價值評論，這一連串的學習，似乎讓每個人重新看到自己學了一生的功夫，又要把快裝滿的水通通倒掉，練習做一個懂得傾聽的「帶領人」，說是帶領讀書會，其實跟學佛一樣，隨時觀照、隨時修正，也要隨時調整自己的心。

理解讀書會的運作與帶領後，第二個階段就是思考如何傳達「人間佛教」了，星雲大師當時決定以「人間佛教讀書會」為名，不只希望大家讀好書，更要理解到底學佛的內涵與自己的生命產生怎樣的連結，真正將佛法實踐在生活，希望信徒們要打破「誦經拜佛就是學佛」的傳統認知，他用各種方式使人明白佛法要義，寫了更多的文章，出版無數的書籍，更讓學者們提出學術觀點分析，這些豐富的文字要成為「般若」，最快的方式無非透過「閱讀、聆聽、思考」，層層轉化為個人對佛法理解的資糧，繼而影響每個人的生命。為此，讀書會總部除了舉辦各種「讀書會帶領人培訓」，更選擇當時較冷門的《普門學報》論文，二〇〇三年即開啟了每年多場次的「人間佛教閱讀研討會」，甚至結合佛教經典與《星雲大師全集》，在持續十多年的舉辦後，增加到每年近二十場次，場場爆滿且座無虛席，看出大家對於聽聞佛法的熱情，主講老師們從導讀到主題論壇，再從論壇到上下互動回饋，像是一場又一場的接力賽，這其中最要感謝的就是一群默默推動著讀書會的滿穆法師、妙寧法師與二十多位重要的講師群！

讀書會總部的講師群有些擅長帶領文章或書籍，有些對《佛光教科書》特別有所研究，有些可以用「說唱」帶領各類佛教歌曲，有些則長期推動「讀報教育」，指導校園的老師們各種創意教案，將《人間福報》推廣至各校園，有些則以「茶禪讀書會」走入社區鄰里，將《星雲大師法語》巧妙帶入生活，有些專於主持，有些專於策劃，有些還能為「佛光文化出版社」或「香海文化出版社」導讀一本本好書。

這些法師及講師們就像到處散播書香的菩薩，在舞台上或在教室裡放光，扮演著讀書會的推手，燃起學習者對讀書會的熱情。他們在各地舉辦「帶領人培訓」或者「人間佛教閱讀研討會」時，又像是一群立即可以轉身成為靈巧的行政人員，為活動需要可以是特派記者寫下重要的新聞稿……。不挑撿工作的他們，為了活動布置爬上爬下，總是留下最美的畫面，給上課學員最舒適的環境，結束後為了趕高鐵車上吃便當，還樂於分享一天的收穫……這些歷歷在目的點滴，總讓我銘感五內，畢竟，這二十年來如果沒有他們，不可能讓讀書會持續開花結果。也正因為他們什麼都學，使我見證了在學習中練就「文武全才」的一面。如果問：「人間佛教讀書會」最重要的資產是什麼？除了佛光山星雲大師給我們無限豐富的法寶，佛光會既有的健全組織所展現活力的一群人，為我們講學佛法要義的法師們之外，我想：這群讀書會總部的講師就是串起讓生活書香化走下去的最重要力量。

感謝這二十年來曾經參加過、幫助過讀書會成長的每一位書香義工，感謝大家在疫情期間還能改以線上而不減對閱讀的熱愛，我們多麼盼望在未來的二十年，有更多讀書會講師，更多願意推動閱讀的書香義工，一棒一棒的傳遞著星雲大師交負給我們的使命，讓五濁惡世成為「書香社會」，讓娑婆化為充滿佛法的「書香人間」！

目錄

讀做一個人 通往共讀、共學、共享之路 46

讀明一點理 慈悲、智慧與生活的書香味 86

讀悟一些緣　閱讀悅讀 豐富生命　134

讀做一個人

通往共讀、共學、共享之路

佛光山人間佛教讀書會成立後，由覺培法師負責執行，他全心全力去推廣，滿穆法師和妙寧法師也竭盡所能地協助。讀書會總部尋找最好的讀書方法並培訓講師，人間佛教讀書會如雨後春筍般在臺灣及全世界冒出新芽，且成長茁壯，至今已滿二十年。

法師們的親力親為，講師們的絞盡腦汁，海內外辛勞奔波培訓和帶領，……琅琅書聲和討論分享聲如此甜美，讓人如獲甘霖，將佛法和真善美植入生活中，佛光人因讀書而更加快樂和滿足。

佛光山惠中寺人間佛教讀書會開學典禮

「讀書會」如星火般點燃閱讀研討的熱情

／滿謙法師

透過晨間讀書會，慢慢地擴大到雪梨、墨爾本、基督城、奧克蘭等，大洋洲一個個讀書會紛紛成立，如星火般點燃閱讀的熱情……

人間佛教讀書會總會今年慶祝二十週年慶，真令人不可思議的歲月，時光悠悠流過二十載，當年的小書童誕生如今也成年了。

回顧千禧年，家師星公上人蒞臨澳洲南天寺小住三回，新年初、年中和中秋佳節，當年師父希望要辦報紙，預定四月初一日發行《人間福報》，邀請大家寫稿支持《人間福報》，無數的電話和傳真接續不停，目的都是勸師父不要辦報，前《世界日報》的記者陸鏗先生更是極力來勸退，反而被師父說服答應為《人間福報》撰稿，當年的我生平首次當個報童，四處推銷報紙。

猶記當年師父在南天寺擬定「人間佛教讀書會」草案，老人家更是每日奮筆疾書，為四月初一愚人節即將開辦的《人間福報》準備，曾經最高一天口述二十篇《迷悟之間》的文章，令我見識到師父上人「腹有詩書氣自華」、「讀書破萬卷，下筆如有神」的風采，好佩服師父日

主題論壇Forum
「閱讀，讓夢想起飛」
Reading:
Give Your Dreams Wings to Fly

理萬機，仍氣定神閒讀書、課徒、寫作，一直到九十餘歲仍勤勞閱讀寫作，筆耕不輟，這份毅力，令人敬佩且驚歎！

那年開始，我也認真努力地帶著道場的法師、師姑和義工們每日晨間讀書會，早齋後就是我們快樂的讀書會時光，大家「會」一起閱讀研討書籍，那時倖年少輕狂，有的是對知識、對佛法的熱切研讀和討論，透過晨間讀書會，慢慢地擴大到雪梨、墨爾本、基督城、奧克蘭……大洋洲一個個讀書會紛紛成立，如星火般點燃閱讀的熱情，沉浸法海，大家互動、交流彼此的感受、體會……啊！當我們同在一起參加讀書會，是多麼美好幸福的時光！

從澳洲調職，回到本山叢林學院辦學，日日帶領學生在靈山勝境做健身禪，陪伴學生讀書研討，慢慢擴大到中華青年團的團員讀書會，二〇〇六年調任到歐洲弘法，為讓歐洲提升閱讀風氣，於是舉辦歐洲區讀書會帶領人培訓，一時間風起雲湧，跨越國界、多元、多語言、多種族的各種讀書會在十八個歐洲重要城市，紛紛成立讀書會，這幾年歐洲各國許多檀講師的授證，無疑就是讀書會的成果展現。

二〇一八年回到臺灣就任台北道場住持，推動分會精緻化後有三十八個分會，三個青年分團，讀書會更是如火如荼，除了道場的教師、香燈、知賓、金剛、勝鬘、香積、行堂等讀書會，連同各分會的讀書會將近百個，其中讀報教育講師培訓有三個班，培訓了許多的宣講員、講師走入校園推動讀報教育，讓三好成為校園裡的品德教育，除此也讓閱讀走入家庭，於是有了書香家庭，走入社區，有了蓮花社區，不只是侷限教室，讀書會走入咖啡館、山林水邊、美術館等，無處不是閱讀的好場所，所謂讀人、讀事、讀物、讀山、讀世界、讀疫情、讀你、讀我、讀他，眼睛所見無一不是閱讀的教材，真正地實踐星雲大師所說的「讀做一個人，讀明一點理，讀悟一點緣，讀懂一顆心。」無所不讀。

歷經二十年的人間佛教讀書會，從大洋洲、亞洲、美洲、歐洲、非洲，除了以書本的讀書會，也將茶禪讀書會推動到各國，六根並用學習，令我更深刻體會，透過讀書會，學習以「人」為本，人人是老師，融入大眾，接納不同的見解、看法，與會者是學習的主人，把自主權交回到個人，帶領人只是陪伴者、催化者，職責是協助成員間有效提問，讓彼此日常間有效對話、互動交流，平等尊重，這樣才是具有「人文精神」、「人文素養」的讀書會，而我自許自己是每一場讀書會有效成員之一，「我在眾中」、「眾中有我」，讀書會豐富了生命，讀書會廣結了善緣，人間佛教讀書會，有你真好！

歐洲人間佛教讀書會二三事／妙益法師

從怕拿到麥克風，到怕搶不到麥克風，讀書會成員從人間佛教讀書會所淬鍊出的智慧及自信，令人動容！

猶記得多年前，當我向所駐錫的歐洲道場信眾，提議要籌組讀書會時，大部分人的反應幾乎是「我們離開學校太久了，書本對我們太陌生，這樣太吃力了。」或是「法師啊！你是新來的，可能還不太清楚，別怪我們沒提醒你，依過去的經驗，一開始勉強有人來捧場，但到最後都不了了之。」

但「生活書香化」可是佛光山開山星雲大師戮力推動的理念，身為佛光弟子，怎能就此輕言放棄！感謝大師給予取之不盡、用之不竭的人間佛教素材；感謝人間佛教讀書會總部幾次前來歐洲開辦培訓課程……讓人間佛教讀書會的成立，具足好因好緣！

讀書會初起，大家只是被動地坐著聽，到後來願意主動分享，甚至突破「害羞」、「怕醜」的心理障礙，發心成為讀書會帶領人，這樣的進步與法喜，不僅自受用，也令他受用。猶記數年前有當地記者要隨機訪問信眾關於「人間佛教」問題，當時的我可是嚇出一身冷汗，不知會隨機採訪到誰？不知信眾會如何回答？到現在讀書會的成員，不僅「進得了廚房，出得了廳堂」，說起人間佛教已能侃侃而談且頭頭是道，不可同日而語了！之前是怕拿到麥克風，現在是怕搶不到麥克風，讀書會成員從人間佛教讀書會所淬鍊出的智慧及自信，令人動容！

有幾位已屆八十歲的老菩薩，願向自己挑戰，意氣風發地說：「師父，你再等等，我現在正學習打字及使用 E-mail，他們要把參加讀書會的歡喜，以及對人間佛教的感悟寫下，與大家分享。」

以往連翻開書頁都躊躇不前的師姐和老菩薩們，現在不僅樂在其中，更向前邁進好大一步。人間佛教讀書會的成果斐然，而歐洲的人間佛教讀書會，真的是如「雨後春筍」般，一個一個陸續成立，且遍地開花！大家也都不藏私，經常在「歐洲人間佛教讀書會」微信群組分享精彩圖文，互相學習和鼓勵，一起成長，如同諸上善人聚會一處。有「人間佛教讀書會」，真好！

讀書會解遊子的思鄉之苦／滿可法師

海外學子們參加讀書會，不僅化解思鄉之苦，更從佛法中學到許多做人處事的智慧，在人生的求學過程中，最懷念的莫過於這段讀書會的日子。

「以聞思修入三摩地」，星雲大師二〇〇一年在澳洲繁忙弘法之餘，訂立「佛光山人間佛教讀書會」章程，計畫回臺灣後要投入成立讀書會，希望佛教徒能養成讀書的好習慣，提出「生活書香化」的重要。

二〇〇二年隨即正式成立「佛光山人間佛教讀書會」，當時澳洲在南天寺前住持滿謙法師推動下，成立各種型態的讀書會，有醫護人員讀書會、人間音緣讀書會、山水讀書會、中華學校老師讀書會、家長讀書會等，伴隨澳洲多元文化、多國語言的移民國特質，還分成英文組、中文組、廣東話組的讀書會。在帶領人的協助下，年紀大的老菩薩歡喜享受著讀書的樂趣，身為母親者更了解如何與孩子相處，每每期盼

著讀書會的到來；乃至海外學子們參加讀書會後，不僅化解思鄉之苦，更從佛法中學到許多做人處事的智慧，在人生的求學過程中，最懷念的莫過於這段讀書會的日子。

近幾年大家最熱衷閱讀《貧僧有話要說》、《人間佛教佛陀本懷》，除了讀書會，佛光會也舉辦「佛學會考」，從會考中檢視自己對人間佛教的體認。二〇一六年在南天大學人間佛教研究中心主任覺瑋法師的帶領下，英文組的澳洲義工，將讀《人間佛教佛陀本懷》心得分享製作成「人間佛教翻轉生命的故事——Turning Point」(https://www.facebook.com/turningpointsstories/)影片，在網路、Facebook上大力推廣，透過菩薩行者見證的分享，讓人間佛教能夠更無遠弗屆的傳播。現代科技變化快速、網路資訊大量傾注，應接不暇，我們要善用科技轉動法輪，讓人間佛教翻轉生命——Turning Point帶給大眾「信心、歡喜、希望與方便」，永續「法燈不滅，正法永傳」，未來更要規劃網路讀書會，讓佛光法水，遍布五大洲，以聞思修入三摩地。

推動生活書香化／覺善法師

推展讀書會，讓書香布滿人間，增進全球閱讀風氣，希望每個讀書會成員從對話中進行思想交流，增進佛法正知見，提升佛教信仰的生命層次。

欣聞佛光山人間佛教讀書會將出版二十週年特刊，特應邀與大家分享澳洲中天寺在布里斯本等地區推動讀書會的歷程與心得。

乍聽人間佛教讀書會，一般都會馬上聯想到——要考試嗎？不只害怕考試，也畏懼發言，而布里斯本中天寺的信徒都是新移民家庭，到澳洲才親近道場，對人間佛教的認識不多，更不清楚讀書會的帶領方式，所以剛開始推動讀書會進展緩慢。還好人間佛教讀書會覺培法師等不斷地舉辦講習會，教導如何帶領讀書會，總算增進大家對人間佛教讀書會的了解。

多年來，中天寺經過諸位法師的用心帶領，檀講師們的

協助，推動生活書香化，除了研讀佛學外，也鼓勵昆士蘭協會各分會以中文、英文及粵語進行閱讀研討，舉辦烹飪、電影、山水及茶禪等豐富多元的讀書會活動，大家互相觀摩學習，推動人人皆可發言的平等式學習，所以現在各分會讀書會逐漸帶動會員讀書風氣，提升會員的佛學素養，透過讀書會發掘人才，更增進分會的凝聚力與共識。

近來，人間佛教讀書會又推展人間佛教宣講員的培訓，示範三段式講演法，給每個人學習的機會，克服站到台前講說的恐懼感，透過研讀大師的文章，以宣講方式來弘揚人間佛教，也進行人間佛教宣講員的評鑑，提拔人才協助人間佛教之宏揚。

總之，從人間佛教讀書會的推展，可以看到星雲大師對教育的重視，我們非常慶幸能一起推展讀書會，讓書香布滿人間，增進全球閱讀風氣，希望每個讀書會成員從對話中進行思想交流，增進佛法正知見，提升佛教信仰的生命層次。

做個快樂的讀書人／滿蓮法師

因為讀書有了方法和朋友，書本中的枯燥竟變得活潑而生動了。

世間的東西缺少了，可以用金錢購買，也可以以物易物，但一個人想要樹立形象、增廣見聞、變化氣質、認識自己，卻得從知識堆積開始，在多種知識的獲得中，書本是最不受限的好的方法。因此，讀書的方法與接觸，影響了未來愛不愛書、喜不喜讀書。

我的師父星雲大師愛讀書，更鼓勵人讀書，甚至出書給人讀，他為了鼓勵人人都能與書結緣，以各種方法教導、訓練我們，比方記錄書本中的好字句、舉辦讀書的活動等等。他在二〇〇二年成立了「佛光山人間佛教讀書會」，透過各種多元的讀書方法，讓更多人與書結緣。因為讀書有了方法和朋友，書本中的枯燥，就變得活潑而生動了。尤其讀書會的進行模式多元，從電影、環保、親子、辨字

等各種方法，不拘泥形式地在公園、山林水邊或者郊外都能進行，只要一篇文章或者一本書籍，大家便可以就著主題探討、發表，進而得到文字般若。

時間過得真快，人間佛教讀書會的成立，忽爾之間已經走過了二十年，記得剛成立那年，我們在香港也組織了帶領人培訓，覺培法師特別帶領了總部團隊的老師，飄洋過海來與我們結緣，如今，在香港、在上海、在世界有佛光的角落，讀書的風氣遍及各地，他們將書帶入社區、公園，進入了家庭……，許多人因此結交了好朋友，有的人則改變了氣質，增加了知識，淨化了心靈。

記得大師的開示，透過讀書要能「讀做一個人，讀明一點理，讀悟一點緣，讀懂一顆心」。也就是從書本的道理，影響自己、家人，進而促進生活的美好。

天下文化高希均先生也曾說：「人生的終點，不是死亡，而是與好書絕緣的那一刻；人生的起點，不是誕生，而是與好書結緣的那一刻。」希望每一個人都是與書有緣的人，更是一個快樂的讀書人。

後山花蓮充滿濃濃書香味／林少雯

人靜下心來，可以聽到自己、看到自己。大家的分享很有內涵，生命故事都如此動人。這種體驗是很大的學習，也是讀書會最美的過程。

誰說沙漠中沒有綠洲

二〇〇三年，妙勳法師剛到三重禪淨中心，聽說三重是文化沙漠，因為那時全臺已成立一千多個人間佛教讀書會，獨缺三重區，他告訴自己，要加油了！

「先以欲鉤牽，後令入佛智」，妙勳法師先成立種子讀書會，帶大家走出戶外，讀台北孔廟歷史、觀音山的地理、陽明山的初春……，在寓教於樂中，引起大家對讀書會的興趣。從戶外到教室、從讀文化歷史到佛法經典，在讀書氛圍中信心建立了，加上吳玉惠、湯明珠督導的協助，短短半年讀書會已走入社區、帶進校園，文化沙漠中已顯現豐美的水草和綠洲。

在慢城中提升養分

二〇一二年，妙勳法師調到臺灣的淨土——花蓮。花蓮山明水秀，人文薈萃，佛光山月光寺在這麼美麗又如此悠閒的慢城中，如何帶領花蓮人提升讀書風氣？三重的經驗讓他有信心一定要做到。

想做事就能激勵自己生出點子。法師在每年讀書會開鑼和結業時，辦開營結營典禮。果然大家的興致來了，成員們穿著讀書會的制服，各分會展現創意搭配領巾和帽子，拿出道具發出各種聲音營造同樂會般的歡樂。加上隊歌和隊呼，宛如比賽般，大家玩得很開心。開營時各隊介紹這一年的讀書方向，結營時發表這一年的成果。各分會相互評比，看看別人想想自己，妙勳法師發現有刺激、有比較，讀起書來更加起勁。

讀星雲大師的書、祈願文、菜根譚、《人間福報》……，每個分會用不同的方式設計自己的主題。月光會目前十五個分會旗下設有二十七個讀書會，也進入社區福氣站與居民結緣，現有三個社區讀書會，帶給老人家歡喜。另外還有茶禪讀書會。

花蓮區有戴慶華和張群兩位壇講師，熱中於讀書會，一直都挺身幫忙運作。慶華將四層次的帶領，在培訓時以柔性的、健康的方式教大家如何進行。張群則幫忙平時的運作、開營結營的各項準備、各種報告和主持活動等。

聞、思、修、證四層次已經難不倒讀書會成員，設計題目的過程就是在找問題和核心價值，大家在學習和磨練中成長。

妙勳法師最記得師父說過，要將佛光人變成讀書人，為這句話他努力推廣讀書會。剛開始信徒覺得讀文章要四層次依序漸進，還要回答問題和分享，感到很痛苦。經過培訓和專業帶領後，

▲經過培訓和專業帶領，深入感受讀書的快樂，在分享時說出自己的生命故事，感動自己也感動他人。

大家感受到讀書的快樂，尤其分享時可以說出自己的生命故事，感動自己也感動他人。有些老菩薩不識字，他們了解讀書會沒那麼刻板，形式很多，可以做勞作、聽音樂、讀照片、看影片，很有趣也很好玩，大家都讀得很快樂。

善的循環

讀書會要辦得好，需要有一股熱情，還要有對讀書會熱誠的人在裡面，就會像滾雪球一般壯大起來。妙勳法師沒讓會長承擔這工作，他讓會長去找召集人和帶領人，讓愛讀書的人來帶領讀書會。不但分擔了會長的工作，又讓喜歡讀書的人凝聚一股力量，這是月光寺的特色。

讀書，是一種淺移默化，有鼓勵和肯定，就有續航力。花蓮區的帶領人是有讀書興趣，又喜歡跟別人分享的一群人。帶領人慢慢也成為宣講員、會長，這是一個善的循環，可以培育優秀的人才和幹部。

玉里，是離花蓮最遠的鄉鎮，那裡的分會非常愛讀書，每個禮拜三是他們的佛光日。成員喜歡讀書會是因為愛聽別人講故事，自己剛開始不敢講，幾次之後發現沒有那麼困難，後來都放開了。分享很快樂，自己沒輪到分享，聽別人講也很開心。阿嬤們讀完書回家會跟兒子和阿孫說，我今天去參加讀書會喔！家人也與有榮焉！

提到茶禪讀書會，妙勳法師笑得很可愛也很開心。他說有一群喜歡泡茶的師兄師姐，以茶禪方式共讀。戴慶華督導組織月光茶禪，有茶席和茶行者，由茶人泡茶給大家品茶，在優雅的儀式下進行。桌巾、茶具、花藝、焚香、服飾，有模有樣。白上衣、黑色圍巾，是合唱團女生長裙剩下的布縫製的，繡上「佛光山月光寺」字樣，另外有以好幾個原住民圖騰做出來的彩繪圖飾，精緻而細膩。

月光茶禪的緣起，是因為剛開始要讀書時難以靜心，但泡茶大家都喜歡，於是利用聚會或是種子讀書會時段，先品茶、靜心、靜坐之後再讀書，效果很好。後來社區聯歡也以茶禪方式進行。桌數多，統一用相同的桌巾，花藝和茶具則讓每組各自發揮創意，各顯神通。主持人開場後，茶行者入席，開始泡茶，靜心品茶，第一杯茶，不講話；第二杯茶，不講話；第三杯茶喝下去，齒頰留香茶味回甘，身心放下後，開口相互溝通，讀書會才開始。儀式感一啟動，氛圍就出來了，真的很有味！

妙勳法師說人靜下心來，可以聽到自己、看到自己。大家的分享又都很有內涵，生命故事都如此動人。這種體驗給他很大的學習，這是讀書會最美的過程。

星雲大師以文化來弘揚佛法的，只有讀書才可以改變生命，所以推動讀書會就是在改變生命，因為讀書改變人的思維，自然就改變了生命。看到每個人在讀書會的分享中得到的快樂和喜悅，也讓花蓮的文化氣息也更濃厚了。讀書，閱讀別人是對自己的一種反芻和省思，所以讀書會對妙勳法師來說，幫助很大，看到信徒的成長，法師比什麼都歡喜。

讀書讓眼界開闊 世界就大了

／林少雯

讀書能發現自己，書讀得愈多，會發現自己的無知和不足愈多，才知道原來自己不懂的有這麼多，人會變得謙虛，才能夠打開狹隘的心胸，看見廣大的世界，

一提起讀書會，滿舟法師的語氣中就有滿滿的熱誠。他回憶說，最早是在二〇〇一年農曆年，星雲大師鼓勵大家多讀書，並成立讀書會推廣。他一回員林講堂就立即招生，道場原本就有基本信徒，很快地就成立了十個讀書會，每個讀書會的成員有十幾個人。那時候還沒有讀書會總部，他不知道該怎麼運作，腦筋一動，想到帶領讀書當校長的最內行，於是找了張早等十位校長當召集人和帶領人。很快基本成員有了，那個禮拜就開始讀書了。

校長們的書包

滿舟法師先找到張早校長，再由張校長在員林找了十位彰化地區的學校校長。所以第一期員林講堂十班讀書會的帶領人，全部都是校長。法師覺得要有好的開始，必須要讓大家感覺有讀書的氛圍，所以特別訂製了書包給大家，成員快樂地揹著書包來上學。

那時讀書會統一在講堂上課，分成十個教室。十位校長從學校放學後，就到講堂來，法師先向校長們傳遞山上這星期以來的種種資訊，讓校長先跟大師接心。校長是因讀書會而來，對我們不是那麼熟悉，法師藉這個時間也在接引校長，這是要校長當帶領人一個很重要的關鍵。法師很有心，先送每位校長一套星雲大師講演集《迷悟之間》、《星雲禪話》等大師著作，讓大家先讀，了解佛光山和星雲大師的人間佛教理念，這樣更可以塑造讀書的風氣和氛圍，把讀書會經營得更好。校長們讀過書以後，果然也加入教師分會，後來有些還擔任會長及重要幹部。

接引校長們，當時是滿舟法師的重中之重，所以每個禮拜校長從學校放學後到講堂來，大家一起用晚齋，彼此交流、傳遞信息理念，上課時間到了，校長到各教室去帶讀書會。每個教室大約有十幾個會友。課程結束後，校長還會跟法師做交流和彙報，了解每一班分享的成果，讓大家凝聚起來。

成員們讀書讀得很高興，為了讓大家更有參與感，滿舟法師還設計舉辦聯合開學典禮和結業典禮，一直到現在員林講堂，還維持這個傳統。

阿公阿嬤的寄託

幾年後滿舟法師轉任到澎湖，那時讀書會已經有總部了，澎湖的讀書模式完全不同了，因為澎湖幅員廣闊，居民離道場遠，讀書會於是因地制宜的分布在各個社區，由各分會在該社區各自成立讀書會，成員已經跨越佛光會會員。讀書會由會長當召集人，有各自的引言人和帶領人。讀書會的會址，有的就設在商店內或住家客廳，左鄰右舍和親朋好友一起來讀書，真的做到社區化了。

讀書會的帶領人是滿舟法師到澎湖後開始培訓的，他先找讀書會總部來澎湖支援，共培訓了十幾位宣講員，成為讀書會的帶領人和引言人。讀書會的成員，有是退休人員，也有較年輕的公教人員，還有住得很遠的阿公阿嬤。比較特別的是在離島，每週一次的讀書會，成為阿公阿嬤很重要的精神寄託。長者們的子女可能都在臺灣或海外，他們獨守家園，時間較閒暇，所以很期待讀書會，每週時間還沒到，就急忙要來讀書。

澎湖最遠的西嶼鄉，有一個客廳讀書會，成員中七、八十歲的阿公阿嬤比較多。當時的會長呂淑貞，她的同修是洪天充。淑貞會長的先生不是分會的成員，但是很熱心，因為在他家客廳讀書，來的都是左右鄰居，他殷勤待客，每次都自動幫忙泡茶，並聽大家分享。有一次大家共讀一篇有關女人家暴的文章，一位呂師姐在分享時說，原來太太對先生碎碎念，就是對先生進行家暴，不做家事也是家暴，那我總是對先生碎碎念，不是每大對先生家暴嗎？她說我要改掉這個壞習慣。師姐的先生是船長，長年累月在大海中討生活，太太來參加讀書會他很支持，看到太太的改變，覺得讀書太好了，後來他們全家都加入佛光會，也成為佛光山功德主。每週讀書會時間還沒到，船長就鼓勵太太趕快去讀書。

讀書，真的會使人改變，夫妻之間的感情和相處模式也跟著改變。淑貞會長的先生本來沒參與讀書會，只是在一旁為大家服務，但是在讀書會上認真跟大家一起讀書，覺得讀書會很有意義，後來也加入分會，成為重要幹部。更見證了讀書會是佛光會培育人才的搖籃之一。

二〇一六年滿舟法師到台南南台別院，這裡的讀書會已有相當基礎，但是班數不多，在法師努力經營下，現在十七個分會旗下，已有五十幾個讀書會了，其中二十幾個是延續不間斷的。

滿舟法師說讀書很重要，是終身學習的最好的方式。他為什麼如此熱心推動讀書會，因為他覺得讀書對個人的學習和成長，非常有幫助；對家庭、對社會也很重要，可以改變人心和社會風氣。在讀書會中聽到別人分享的經驗，可以成為自己的養分，消化吸收後，更能提升和刺激思考力，成就自己。一個人能去思考，就能決定生命能不能發光發熱，甚至對自己滿不滿意，才能做一個更好的自己。滿意，才可以自信滿滿。讀書還能發現自己，書讀得愈多，會發現無知和不足愈多，才知道原來不懂的有這麼多，人會變得謙虛，才能夠打開狹隘的心胸，看見廣大的世界，讓人生跟所看到的世界更美好。滿舟法師歡喜地說：眼界開闊了，世界就大了。

人間佛教讀書會深入我心／滿方法師

聞、思、修、證真是一帖很好的讀書妙方，只要用心使用，每一篇文章、每一部經都會讓人心開意解，收穫滿滿，祈願有緣人都有這帖妙法。

SARS那年，本山分別院暫時停辦活動，因此常住趁此舉辦一系列進修活動，提供回山的法師讀書充電。

其中有一堂課是覺培法師上的「讀書會」，他用聞、思、修、證四個層次，來導讀一篇文章、一部經典。乍聽之下，與信、解、行、證起了分別比較，但這四層次似乎讓人很快的可以契入主題，並了解其中的含義。

如此經過覺培法師耐心有條理的分析說明之後，感覺這方法真的很好用，而且又很生動活潑有趣。帶領人就依著這四個層次，可以輕鬆愉悅與讀書會的成員打成一片，讓每個人都有發言的機會，並分享他自己對文章或經典的感受及體驗。亦藉此改變他的觀念想法及生活態度，在短短兩個小時的讀書會裡，翻轉了觀念。

如《阿彌陀經》裡，佛陀叫了舍利弗三十六次，若您是舍利弗，您會不會覺得佛陀很囉嗦？又阿彌陀佛成佛迄今已十劫，還在精進說法，怎都不會懈怠？舍利弗聽了佛陀說極樂世界，他的內心感受如何？舍利弗想不想去西方呢？念《普門品》時，當黑風吹起，我該怎麼辦？當大火來時，觀世音菩薩在哪裡啊？《金剛經》是世尊與須菩提「無住生心」的論談，於經文中須菩提竟出現了一百三十三次，都沒有其他與談人。須菩提何其有幸與佛陀一對一的論談，您羨慕嗎？

聞、思、修、證真是一帖很好的讀書妙方，只要用心使用，每一篇文章、每一部經都會讓人心開意解，收穫滿滿，祈願有緣人都有這帖妙法。

如今「佛光山人間佛教讀書會」成立迄今已二十年，在短短時間很快速地把讀書會遍布全世界。只要有佛光人的地方，就有「人間佛教讀書會」。星雲大師說的「讀做一個人；讀明一點理；讀悟一些緣；讀懂一顆心。」已不是口號，「人間佛教讀書會」已落實在我們所有人的生活裡，且令人能親身體會受益，人人皆能深入經藏智慧如海。善哉！「佛光山人間佛教讀書會」，功德無量！

讀書讀出歡喜自在與圓融／賴義明

星雲大師常說：佛光人要與時俱進，要終身學習，最好的辦法就是成立讀書會以增進內涵，提高素養，如此便能時時自我成長，不落人後。

敬愛的星雲大師曾經說過：「讀書是一件最討便宜的事」，這句話令我印象非常深刻，心有戚戚焉。猶記得二十年前，佛光山員林講堂成立人間佛教讀書會後一學期，大師在佛光會時開會時，正式鼓勵各地要成立「人間佛教讀書會」，全面推動讀好書的事宜。當時我聽到這個訊息，真是既歡喜又感動，就舉手起來向大師報告：「員林講堂已經成立讀書會，上了一學期，共有十幾班，人數達一百多人。」大師聽完，深表讚賞，於是就授記我為員林區讀書會團長。

早年在每學期開學時，我都精選大師的著作如《老二哲學》、《有情有義》、《永不退轉》、《心甘情願》等書贈送給參加員林讀書會的學員，而當時的導讀人則大多邀請學校校

長、老師出任。世界上好書很多，也出現很多建議書目，但我想以實際行動贈書給全體學員，一來減輕學員的負擔，再則也能藉此邀請更多人一同來閱讀星雲大師的著作，除了與大師接心，認識大師的理念和作法，進而認識佛光山的人間佛教。因為大部分學員都是佛光山的護法信徒與佛光會的幹部會員，透過參與讀書會活動，充分了解佛光山的四大宗旨（以文化弘揚佛法、以教育培養人才、以慈善福利社會、以共修淨化人心），讓大家更認同佛光山與佛光會的理念，同時也凝聚向心力，團結一致，自然也就產生力量，更有信心積極跟隨大師一同推動、護持人間佛教。

員林講堂讀書會從成立迄今，已超過二十年，最難能可貴的是：學員大部分都還堅持繼續來上課，身體力行終身學習。當年的校長、老師導讀人年事已高，由衷感謝他們發心帶領，開啟智慧之路。現任的導讀則由各班學員自行推選而出，每個人都非常認真盡責，讓閱讀的學習風氣生生不息延續下去。在此感謝總部執行長覺培法師的關心，也謝謝讀書會的指導法師滿穆法師，以及有經驗的督導老師經常前來指導鼓勵，我深深感受到學員們已讀出歡喜、自在與圓融。

如果每位學員都能夠成立家庭讀書會，讓家人間更為融洽和諧，我相信對信仰傳承肯定會有很大的幫助。大師常告訴我們：佛光人要與時俱進，要終身學習，最好的辦法就是成立讀書會以增進內涵，提高素養，如此便能時時自我成長，不落人後。希望所有的學員要更發心發願繼續推動讀書會，讓全世界都能普及養成愛好讀書的習慣，讓「三好」（做好事、說好話、存好心）、「四給」（給人歡喜、給人方便、給人信心、給人希望）、「五和」（自心和悅、家庭和順、人我和敬、社會和諧、世界和平）的目標早日實現，佛國淨土早日現前。敬請大家一起共同努力吧！

學習改變 生命更美好／洪明郁

學習自己的不足、改變自己的不是，將會讓人產生源源不斷的熱忱，並強烈的默許，渴望成就的自己。

二〇〇一年的一場「人間佛教讀書會帶領人培訓」，讓我和「讀書會」締結了美好的緣分。這二十年來，因為讀書會而讓自己、家人及身邊的工作夥伴，享有一種美好的生活——那就是被理解、被認同、被肯定、被支持的幸福。自己可以發現被自己所需要；與家人的關係不再是幫助，而是夥伴間的合作；同事間更在意的是彼此共存的價值。

對我們來說，「佛光山人間佛教讀書會」是很具體的生命修煉，它讓我了解，為什麼一個經營者在事業上遇到再多的困難，也不會輕易的放棄、關閉公司；為什麼一對夫妻，面臨再大的爭執與矛盾，也不會輕易的離婚。那是因為，您願意投入，而促使您可以承受更多的壓力，能取得更大的成功，能堅守更多的愛。而這一切說穿了，就是這句話「您熬得住」，感謝「佛光山人間佛教讀書會」陪我們走了一趟精彩的生命之旅。

我悟到「自己是一切的根源」，您想要創造什麼樣的世界，是由自己選擇、創造出來的。然而必須具足它所需要的條件，如果條件不足，必須改變自己，那就是「學習改變」，學習自己的不足、改變自己的不是，將會讓人產生源源不斷的熱忱，並強烈的默許，渴望成就的自己。

這個世間，需要有身體力行、以身作則、以善為出發、為別人著想的「心靈領袖」，他會感召這世間的人，一起來改善這失序的社會環境，如果您願意投入關注自己，「人間佛教讀書會」它會帶著您共同創造美好的新世界。

打開你的視野 打造你的未來

／林少雯

星雲大師說我們要做文化教育的傳播者，才不枉費你站在台上。

看見臺灣的未來

星雲大師重視文化教育，教團做得很好，大師說這不夠，我們要走出去。劉秀勤講師主動接下棒子，將《人間福報》推廣到校園。她說孩子是未來的主人翁，更需要正知正見，這是很神聖的工作。

走進教室看見的是臺灣的未來，孩子好，臺灣才會好。有了使命感，就不怕辛苦，頂著佛光山的金字招牌，從服裝儀容到說話都要端莊優雅。剛開始秀勤應邀到偏遠的高山學校講讀報，輾轉搭車加暈車，下車後吐得難受，都要把自己打理好才走進校園。她說路遠就早點出門，暈車就少吃點，該做就去做。

玉不琢不成器

秀勤與佛光山的因緣是一段奇妙的旅程，從家庭主婦到秘書、會長、督導、檀講師、讀書會講師、生命教育講師、布教師等，一路的學習和承擔，她深深感謝人間佛教讀書會總部給她的啟蒙和教導。一本書、一個故事甚至一個名相，可以經過有效的帶領，啟發內心的思考，成為人生寶典。玉不琢不成器，加入佛光會就像進入學校和大寶庫，應有盡有光彩奪目。她一開始就接觸文教，從此生活就幸福多一點、智慧多一點。加入佛光會才真正認識佛光山，體認星雲大師的人間佛教，也認知生活就是修行。

有一天她看《人間福報》時，覺得為何不帶讀報呢？一則新聞三、五分鐘會帶的話一樣可以獲得該有的知識，報上有關的品格教育是家長最重視的，又能給孩子更多更廣的知識，她設計教案培訓福林讀書會的媽媽，展開讀報教育。

覺培法師聽說秀勤在學校帶讀報，有次培訓當場將課程改為帶領讀《福報》。後來《人間福報》成立讀報教育中心，妙開社長邀她與妙願法師一起推廣。草創期辦教師研習，她分享教案，教大家在學校可以怎麼做。九十八學年起讀報中心贈報學校，全臺五、六十所來申請，經過妙願法師五年奮鬥，成長到近八百所學校，過程中不斷到校園及各區做培訓，至少辦了三百場全國教師研習。成果是老師知道怎麼操作就開始做，否則就由佛光講師進入校園帶領。辦教師營、校長營，星雲大師再忙也要來讚歎老師。大師應機教誨，跟大眾講佛法，跟老師們講三好。結業時大師給人歡喜，還跟每位老師合影。

高雄市教育局辦讀報教育教師研習，二〇一五年起連續四年邀秀勤主講。她介紹《人間福報》，分享並指導老師設計教案。特別強調提問金鑰匙，打開閱讀思考地圖。沒有提問就沒有

互動，學生只記憶不會思考，提問能激發學生思考。

讀報跟道場結緣，新店、內湖禪淨中心的覺應法師等努力開發蘭雅、北新、麗山、東湖、文湖、新湖等學校，二〇一六年妙法寺、覺乘法師與總召黃淑嬌老師開發了六所學校。二〇一九年鳳山講堂妙麟法師由朱璧蓮督導負責開發了三所學校。

把多元的智慧帶給兒童和青少年，心靈教材培養孩子正知正見，從善的根本做起，校園從說好話、做好事、存好心三好開始。《人間福報》傳遞真善美，讓學生對生命充滿希望和信心，培養正確的價值觀和積極的生活態度。每位孩子都是玉，需要精心琢磨。

《人間福報》就是那盞明燈

受星雲大師　句話所感動，秀勤成為文教

義工。大師說：「救心是最究竟的慈善」，秀勤是醫生娘做慈善不落人後，但救心是什麼？她連結大師的文化教育，哇，原來救心是救一個人的思想行為，人有正知能知足常樂，內心充實就富足，這是最好的慈善，這句話應驗了。福林六年級學生說《人間福報》改變了他的價值觀，讓他更懂事，他想跟大師說您辦的報紙很棒。

學校老師說《福報》培養學生積極的人生觀，如讀到賣菜維生的陳樹菊，讓學生知道社會角落裡有不是偉人的偉人，是可以學習的典範。監所裡的同學快速賺錢也賠掉人生，價值觀不是金錢可衡量的。大理國中學生說媒體報導充滿血腥暴力的負面消息，《福報》是清流，讓他看到社會的光明面，他在《福報》上學習到愛心、關懷、人生道理和處事方法，孩子說以後我要像《福報》一樣愛人類。

他們給愛，孩子受熏習也學到給，這是最大的回饋。給孩子一把尺，長大不管碰到什麼事他才能衡量對錯。秀勤說渾沌茫然中回歸正道之際，需要一盞明燈引領，《人間福報》就是那盞燈。

秀勤認真且全心去做最值得做的事，這是她的修行。

培訓人才和開發校園讀報教育

二〇一九年開始台北道場人間大學開辦校園讀報教育課，從基礎班培育儲備講師，進而助講師、主講老師等五個班，這是傳承。他們在正堂課由二到三位老師帶一班，班導師協同教學，學生的學習是成績。

開發學校和培育老師同等重要。台北道場督導長、會長都是一起去開發學校的夥伴。一一〇學年度就開發了十四所學校，計六十八個班，還有誠正國中。培訓人才後秀勤現在全心開發學校。

走進校園第一關很艱難，沒有因緣站在校外就進不去。第二關為老師介紹教學內容，認同的老師就開始做。第三關依不同年級製作教案，一年三十二堂，還有明年、後年，催得秀勤不得不去開發新課程。為教學與設計教案，秀勤很努力地獲得新課綱核心講師認證，依新課綱三面九項設計多元主題，有環保、品德、國際觀、媒體、閱讀理解、藝術、科普、EQ、疫情……，包括教具，有字牌、桌遊、情緒小卡……。學生在課堂上探索並做專題，讓他們看見自己的能力。孩子的能力和知識背景提升，對如潮水般的資訊才能有較高的判斷力。第四關是學生百百種，教室秩序的管理非常重要。

課程進行分主題、閱讀報紙、完成閱讀筆記並口頭發表三階段。學生思考能力加強了，口語表達也進步了。上課拍照記錄，期末有成果展。助教老師記錄學生狀況和上課情形。上課以提問方式引導學生思考、發言和互動。在在考驗老師的愛心耐心。培訓講師時上課先恭誦〈普賢十大願〉，發心發願；下課恭誦〈教師祈願文〉，堅定信心。因何而做？不是為自己，是為未來的主人翁，是為社會國家在做。能持續是信仰的力量讓他們堅持。這一塊沒有老師學生之分，大家都是合作攜手共進的夥伴。

報紙是材料教案是策略方法

如果你是未來在等待的那個人才，讀報能打開你的視野，帶給你國際觀及各種資訊和知識。看到善會模仿，將來才有行善可能。如看過淨山淨灘的新聞，至少不會亂丟垃圾。報紙是材料，教案是策略方法。

星雲大師說我們要做文化教育的傳播者，才不枉費你站在台上。我們是螞蟻，但螞蟻雄兵也可以聚沙成塔，所向無敵。要有多大的智慧和弘法的因緣，才能走進校園！秀勤說他們是歡喜感恩的文化義工，希望更多人一起來做。

茶禪和書香

／林少雯

茶和禪的結合，是文化、是文學、是佛學，寧靜而充滿韻味，再加上書香，能演繹出讓人內心更滿足和陶醉的情境……。

茶香不怕巷子深

茶禪結合讀書，多好的點子！有茶有禪的讀書會是怎麼開始的？臺灣區執行長鄧淑明是從事貿易的上班族。二〇一五年接任會長時，原就是讀書會講師，有一次去醫院探望會員，會員說等我出院請你到我家喝茶。

這個邀請給了他一個想法，平時要去做家庭普照，會員說我家很亂你不要來，但談到喝茶，卻沒了這禁忌，於是他發想將茶禪跟讀書會結合，讓普照的關懷延伸為以法相會的共讀，於是有了茶禪讀書會。

他以《貧僧有話要說》、《獻給旅行者365日》、《人間福報》、卜事卡、籤筒為教材，帶著茶葉、茶具、桌巾、瓶花、盆栽、書法、音樂和喇叭，深入單一家庭拜訪。年紀大行動不便的老菩薩，他主動上門普照並擺上茶席共讀，一兼二顧，很受歡迎。主人家什麼都不必準備，但他們大多會提供些點心水果共襄盛舉。

茶桌布置好，茶席擺上，茶香盈室，有茶、有花、有音樂，「茶禪一味」的布幅拉起來，儀式感出來了，大家專注在茶桌上，桌子大小、家裡亂不亂都不在意了，裊裊茶香中，一切如此美好！

安靜品茶，靜心後，在寧靜的氛圍中開始輕鬆自在共讀。為了服務兩位老菩薩，佛光會出動了包括督導、會員等共四個人，去營造讀書會氣氛，這就是人間佛教「給」的信念。淑明發願至少要去三十個家庭共讀，他做到了。

深入家庭的讀書會感動許多人。參與的人多了，發展成為固定的讀書會。

靜心品茶浸淫書香

鄭友亮師兄三年前從靜心品茶中學會成為帶領人。後來讀書會以群組為單元共讀，碧珠師姐提供場地，大家在每星期五晚上一起讀書。每個群組人數不定，至少都有十個人以上。讀書會中會泡茶的人多，月例會可以從一桌泡到四桌。茶香真的很能凝聚人。

有一次活動現場一百多個人，就改泡大桶茶。大桶茶也是一種功夫。有一次參與三、四百位的里民活動，就泡了三大桶為大眾奉茶。茶席變化多怎樣從一、兩桌到兩、三百人，有了經驗後開幹部成長營也以茶席來辦。去年世界佛光大會改線上，那天大慈佛社擺了八桌茶席，大家還學會上線。

禪，是千變萬化的，茶禪讀書會到哪都可以辦。督導也帶領大家用茶席方式邊品茶邊讀佛學會考題庫，效果好，很多人考高分。

淑明還辦茶禪讀書會之旅，讓大家了解茶席的五大元素。他們去彰化觀賞燒製茶杯，到南投看製茶，親手揉茶體驗，現場也辦茶席和讀書會。晚上到清德寺在山林寺院中體悟暮鼓晨鐘、禪坐、喝茶和分享故事。

茶和禪，就是那麼神奇，不只帶動佛光人，還讓不是會員的里民也趨之若鶩。

淑明說在里長辦公室品茗帶讀書會，雖然是陌生的環境和人，但擺好茶席，拉起布幅，儀式感一呈現，氣氛就來了。茶一喝，靜心後，話匣子打開，很快聚焦在討論和分享中。去了四個里之後，里長希望他每星期都來，讓他覺得需要更多帶領人和茶具。

茶禪和讀書一體

茶席布置現已改為簡單樸素，桌子整潔，儀式感不減，讓大家知道這是什麼活動，能在短時間融入。

一次在本棲寺做義工也是布幅一拉，茶席擺上，就開始讀書。淑明去花蓮分享茶禪讀書會的進行方式後，月光寺辦聯合月例會，一百五十多人邊喝茶邊開會討論。當家法師把茶席布置得好優雅，叫人讚歎！獅子會的活動席上還見到星雲大師的一筆字。更特別的是將茶禪讀書會搬到監所去，每位同學面前一杯茶，喝茶讀書享受禪當下的感受，許多人感動流淚，監所是不可能體驗到這些的。月光寺的茶禪讀書會有聲有色，不但訓練了泡茶的人，還有制服，很成功。

澳洲和紐西蘭佛光會在淑明指導下也嘗試了茶禪式讀書會。

友亮帶大家讀《八識講話》，星雲大師說讀懂這書唯識學就懂一半了，能在生活中透過眼耳鼻舌身意去修行。這部書是閱讀研討會讀本之一，參加研討後他會再帶領大家深入經藏。現在正在讀的是淨土法門。茶禪和讀書是一體的，友亮說佛法講的是把用發揚光大，去行菩薩道度化眾生。讀書可以增智慧，他發現自己想法、脾氣、待人處事都有所改進。

疫情後讀書會改線上，但儀式不可缺，先自己泡杯茶，品茶靜心後，三稱本師釋迦牟尼佛，接著〈開經偈〉、念《心經》，回向後開始共讀。

友亮辦公室週四晚上另有金剛讀書會，開始都是男眾，但有的師兄會帶同修來，友亮的同修也在現場幫忙並一起讀書，所以不限男眾了。金剛們讀經典、菜根譚……，還邀請尤俠和檀教師鄭石岩來參與。友亮是檀教師的弟弟，當天大家聆聽智慧的禪語，感覺置身法會中法喜充滿。

讀書會是闡揚佛光山宗風和發掘和培訓人才的地方，友亮的女兒是青年團成員，同修在讀書會中成長，也承擔起分會長重任，友亮則是副會長，一人當選全家服務。這是一個充滿陽光的佛光家庭。

大慈佛社七、八年來一直跟文山區合作，透過茶筍節連續三年受邀去擺茶席。道場正培訓五十位茶師擔任茶禪行者，將跟區公所合辦五十桌的大型茶禪活動。

大慈佛社有八個讀書會，茶禪和金剛是其中兩個。台北市文山區是鐵觀音茶區，與大慈佛社的茶禪讀書會相應，有茶、有禪、有書香，當家妙賢法師還會彈古箏，真是絕妙的搭配！

讀明一點理

慈悲、智慧與生活的書香味

人間佛教讀書會為了使大眾能夠在閱讀經典中契理契機，更希望透過成員彼此的對話，談出每個人一生裡最踏實的修行體驗。透過「聞思修證」四層次的帶領，尤其讓讀書會的成員，對於佛教名相的解釋，不再以名相解釋名相，甚至空中談玄說妙。有了次第的討論、深度的省思後，再回到與自己的生命相契，這樣的佛法才是真正屬於自己受益的佛法，也才是道道地地、親嘗法味的佛法。

帶領人培訓
人間佛教讀書會
讀做一個人
讀明一點理
讀悟一點
課程回饋
滿穆法師

與人間佛教
2019人間佛教

讀書會組成步驟說明

一、如何組成讀書會？

讀書會組成六要素（5W1H）

- Why — 成立背景／動機／宗旨／目標
- Who — 對象／人數／條件／屬性
- What — 會名（會徽／會歌／隊呼）
- 組織（召集人／文宣組／總務組／活動組／聯絡組……）
- 公約（規則）
- Where — 活動地點（固定或彈性）
- When — 聚會時間／聚會次數
- How — 讀書會運作

二、如何運作讀書會？（HOW）——活動規劃設計與帶領

1. 發掘共同需求

2.提出年度閱讀計劃
3.活動規劃多元、創意
4.成員共同參與與帶領及活動認養
5.活動涵蓋暖身、主題與回饋
6.不斷提出檢討改善對策

三、建立願景（vision）——個人生涯／團體願景

四、如何成立讀書會

1.活動構想：分組對「讀書會成立及願景」進行討論，腦力激盪，取得共識，並製作成海報由專人負責報告分享（不拘形式）。
2.材料準備：海報紙、麥克筆。
3.進行方式：每15—20人分成一組，設小組長負責主持討論，並選定報告人準備報告事宜。
4.呈現成果：每組報告須呈現部分包括會名、組織、成立動機、宗旨、目標、活動時間、地點、進行方式、特色、未來願景 & more……（會歌、隊呼）。
5.時間分配：活動說明：5分鐘
討論時間（含製作海報、排演）：30分鐘
報告時間：每組3分鐘

人間佛教讀書會內容進行程序

時間	30分鐘		60分鐘	
階段	暖身		進入主題	
項目		議題討論	入道班	高級班
內容	藝術賞析、音樂演奏、文物欣賞……	新知介紹、佛教文化動態、靜心禪坐、時事分析、人物評鑑、學習佛門禮儀、《人間福報》各版內容討論、活動預告、新書介紹……	百喻經、高僧漫畫、護生畫集、迷悟之間、星雲法語、佛光菜根譚、往事百語、法相、高僧名人傳記、敬告佛子書……	心經、六祖壇經、教乘法數、佛教文選、白話經典寶藏、佛光教科書、佛教叢書、成佛之道……
說明	1. 布置場地 2. 準備教材 3. 可準備點心、茶、飲料、咖啡等……		旨在培養宗教情操	旨在建立佛法正知正見

時間	項目	班別	內容	目標
60分鐘	進入主題	大學班	金剛經、大乘起信論、菩提道次第廣論、現觀莊嚴論、唯識頌、摩訶止觀、普門學報	旨在深入佛法精要
		研究班	楞嚴經、中論、解深密經、攝大乘論、俱舍論、大智度論、普門學報、法藏文庫	鼓勵書寫論文、著作
	讀誦方法		1. 閱讀：全讀、段讀、對讀、隨讀、唱讀、齊讀 2. 講說：全講、段講、句講、喻講、分講、引講 3. 討論：設定問題、舉例說明、各抒見解、反覆討論	
30分鐘	交流、延伸活動		1. 為增進會員之間的交流，並實際解決人生之困惑，以期達到理事圓融之理想。討論交流進行內容如下： (1)互相談敘 (2)心得分享 (3)經驗交流 (4)困難互助 2. 寫下分享心得、結集成書	

讀書會帶領人的精神與態度

壹、帶領人的精神與態度

一、帶領人角色扮演的釐清

1.是引導發言者，不是專題演講者
2.是鼓勵支持者，不是價值評論者
3.是幽默溝通者，不是命令說教者
4.是用心傾聽者，不是形式敷衍者

二、讀書會帶領人的特質

1.尊重包容，平等開放
2.感恩歡喜，熱忱服務
3.創造學習，主動積極
4.知人善用，廣納意見

三、有效帶領讀書的基本原則

1.「人」比「書」更重要

2. 放大正面思考，排解負面認知

3. 不失對方立場，不直指對方弱點

4. 帶領人三大要素：聲音、文字、肢體（表情舉止、肯定專注的眼神）

四、帶領讀書會的「三心」必備

1. 讀書會前「用心」準備

2. 讀書會中「專心」帶領

3. 讀書會後「關心」所得

五、帶領人自我教育的方向

1. 文化內涵的培養

2. 開闊胸襟與養量

3. 言行一致的表達

4. 肯定團體中成長

貳、傾聽與回應

一、表達的語言有哪些？

1. 社會語言
2. 情緒語言
3. 肢體語言
4. 潛在語言（不說話也是一種語言的表達）

二、如何聽？

1. 以對方為主要核心：表達者想要說什麼？
2. 以不帶成見的去聽：表達的主題是什麼？
3. 用生命的感受去聽：表達的動機是什麼？
4. 整理↓歸納↓回應

三、回應的意義

1. 深化表達的內容
2. 深思討論的引擎

四、錯誤的聽有哪些？

1.部份選擇性的聽
2.負面解讀性的聽
3.只說不聽
4.只聽不說

讀書會前「用心」準備　讀書會中「專心」帶領　讀書會後「關心」所得

讀書會帶領討論法「聞、思、修、證」

／覺培法師

前言

一般讀書會帶領人往往會遇到一個瓶頸，就是不知如何有效的提出討論與思考，不知道如何引發成員的發言；也因此，團體中成員們會出現冷場，或少數人話不斷而忽略了其他成員的參與感。許多讀書會召集人雖然在成立時大費周章地熱心準備教材、慎重考慮讀書的環境、呼朋引友的找人加入讀書陣容，可是，一段時間後因為流於形式化的閱讀，最後導至成員們一一的流失，而原本熱忱服務的召集人也因此受到挫折而打退堂鼓，且對推廣讀書會的理想破滅，鮮少再提起成立讀書會的樂趣，實至可惜。

帶領討論法之緣起

讀書帶領討論法最初源於陳怡安教授的「意識會談法」，其內涵無非將生命底層重重起落的思緒，藉由有次第的引導及不斷的會談中層層開發，漸而明朗。從會談中學習傾聽生命內在的聲音，再從對話中引發每個人內心積厚豐富的生命體驗。這種透過「會談」的方式激發內在「意識」的心靈活動，經過深度的啟迪與開展，可以說成了讀書會中相當精彩而且深度對話的引擎。

「意識會談法」的理論與實踐，由素直友會簡靜惠老師以及方隆彰教授的大力推崇後，在讀書會帶領人的初階培訓中，幾乎使大眾如獲至寶，尤其解決了許多讀書會帶領人的瓶頸，在經過四個層次的討論，使一篇原本不起眼的文章，因而活潑生動了起來。

「人間佛教讀書會」在成立二十年以來，感謝陳怡安教授全然地傾囊相授這套幾乎符合佛教的「聞思修證」的「意識會談法」，並且透過簡靜惠老師一年多來數十場的培訓指導，尤其從中見識到其充滿熱忱、尊重包容的內涵展現，以及方隆彰教授精彩的四層次理論說明，使人間佛教讀書會在推動帶領的方法內涵上有了更豐富的資糧。

什麼是「聞思修證」討論法？

稟持著「人間佛教讀書會」總會長星雲大師的理念，希望讀書會透過人人皆可發言，人人皆為老師的互動學習法，使大眾從不敢啟口到侃侃而談，不僅能夠談得活潑，還要談出思想、談出彼此不同的生命觀。尤其對於經典的深入，不僅要能消文解義，還要懂得與修行體證作前後事理的呼應，如此方能使佛法從「讀過」、「讀懂」、「讀通」到「讀透」，使閱讀者更能夠具備實際佛法的領悟與體證。總會長星雲大師常云：「生活之外，沒有修行。」如果深入經典無法回歸到自身的生命而受用，佛法終究只是「說食數寶」，徒增知識的累積而已。也因此，承襲了陳怡安教授「意識會談法」的教學，再融合佛教修行次第的理念，「聞思修證討論法」

因應著所有在自覺路上，有心深度閱讀的大眾而生。

「聞、思、修、證」是學佛者從初發心到獲得清淨智慧的四個階段。佛法中的「聞」，指的就是多聞熏習、勤學佛法；「思」，就是對所聞的佛法，再加以深入思惟，彼此會通；「修」，就是將所聞所思的內涵，實際在生活中作不斷地修正，從靜中養成動中磨鍊裡了解佛法的真義；「證」，就是身口意業經過不斷修正後，最後所體證到的般若實相。

所謂「從聞思修入三摩地」，無論學佛再久，聽「聞」佛法再多，若不能深「思」、不斷地「修」正，終究無法體「證」佛法的真義。這樣的理念，其實正是佛陀在許多開示弟子的經典中，所看到學佛者正確的理念與精神。人間佛教讀書會為了使大眾能夠在閱讀經典中契理契機，更希望透過成員彼此的對話，談出每個人一生裡最踏實的修行體驗。透過「聞思修證」四層次的帶領，尤其讓讀書會的成員，對於佛教名相的解釋，不再以名相解釋名相，甚至空中談玄說妙。有了次第的討論、深度的省思後，再回到與自己的生命相契，這樣的佛法才是真正屬於自己受益的佛法，也才是道道地地、親嘗法味的佛法。

一、「聞」：直觀客觀性問題——你看（聽）到什麼？

「般若」來自每一個生活細節的洞察中，打從「看到什麼」、「聽到什麼」的直觀性客觀問題，將最原始的基本材料作初步的消化，才能進入核心的討論。讀書會的帶領中，有些人往往不敢開口，或不知從何談起，往往因為還來不及對文章作正確的消化與咀嚼，更談不上其個人的心得學習。尤其一般常見的帶領方式：「讀後的心得是什麼？」諸如此類令人一下子無法抓到方向的問話，只有增加成員的心理壓力，漸漸產生害怕與遠離。

也因此，第一層次的「聞」乃是將文章內容所提供的重點轉化成疑問句；文章怎麼說，帶領人藉疑問句而提問，使參與者很快地進入文章內容的要義，並且毫不畏懼地反應回答，如此一來，成員不但養成「開口」的習慣，也能讓尚未掌握文章內容的成員很快進入狀況。尤其一旦是自己回答的話，印象便會特別的深刻。

二、「思」：感受性思考問題——你想到（感覺）到什麼？

所有的文章如果要進入核心，先要讓成員與文章內容起共鳴。一篇沒有產生任何感覺、感動的文章，勢必無法深入討論，更無法產生與他人分享經驗的動機。所以在第二層次「思」的討論中，帶領人必需將問題引導至個人感受的層面。例如：「哪一段文字對你的印象最深？」「你覺得作者所提到的〇〇人物是怎樣的性格？」「為什麼作者要這麼說？」「如果換成是你，你會採取怎樣的反應」「作者這麼說，你認為呢？」……

這些沒有所謂答對或答錯的問題，主要引發參與者的思考力，並且對客觀材料作進一步的感受與聯想。尤其將人物由平面的名字轉為立體的高矮、胖瘦、性格……增加成員對整篇文章的覺受力。再從人物的角色對調，使成員自身加入文章所敘述的過程，可加深不同立場所觀照的反應。一般人對讀書往往只是「讀過」而已，但是讀過不一定「讀懂」，要讀懂作者的意思，或讀懂客觀材料的深意，必須透過有效的思惟。沒有任何覺受與思惟，讀再多的書也無法進入自己的生命。

一本書或一部經典，我們是否看到其時代的景況，或發生過程的生動畫面呢？無論是佛陀對弟子的開示，或是師徒對話的應機，透過層層的聯想與思惟，可以讓讀者更清晰地掌握其背後所要闡述的教化精神。一篇文章有了思惟與聯想，可以生動活潑，也可以產生內在的感動。

沒有感受，不會產生共鳴；沒有思惟，不會有深度的體會。讀書會帶領討論第二層次的目的正是為了引發更多的感受與思惟。

三、「修」：經驗價值性問題——你反省（自己）到什麼？

所有的佛法，都必需回到自己的生命經驗來作印證；同樣地，所有文章的主旨都必須扣緊著自己走過的生命經驗，作一深度的對話。佛陀說得再多，也只是佛陀的體證，如何成為自己的，就得誠實徹底的自我省覺。很多人在佛教名相的解釋中，堆積了更多的名相，當問題問到「你生活中體驗過這樣的道理嗎？」而無法作答時，就知道其實並不是真正的明白。

佛法只有「說」是不夠的，佛法是要被參與者所驗證，而且是不斷地修，不斷地體驗而證得的。如同「知道」佛法如醍餬妙味是不夠的，「知」的徹底就是實際的親嘗才算數。沒有親嘗人生酸甜苦辣，無法知道人情冷暖的道理；沒有反省自己走過的路，說過的話，不能明白身口意的業力原理。文章一旦討論到自己的生命與體驗，就會把整個讀書會的精神帶到核心。讀書再多，沒有比回到自己價值體系與人生觀來得切實了。這個層次的問題往往是「作者這麼說，能不能談談你有過類似的經驗嗎？」「你如何因應當時的情形？」「學佛前後的你對同樣的事件有什麼改變嗎？」

不斷地給成員回思反省自己走過的經驗，將是學習成長最好的契機。尤其當彼此分享著生命經驗時，會拉進近成員們的了解，一旦成員的感情建立在彼此的了解互助時，這些人才能稱得上是真正的「同參道友」。

有些人因為成長背景的緣故，產生負面悲觀的認知，在第三層次的討論時，帶領人正好可以藉從對話中由較樂觀、正面、積極的發言者，引導負面、消極、悲觀的人重新找回希望。也因此，有人認為讀書會，可以協助只活在象牙塔裡的人，讓他們看到更多的人生、更多不同的觀念、更多積極面向的思考。對於深入佛法的領域者，我們更要回到實際的生活經驗來作修正，到底如何修？如何轉染成淨？轉愚為智？轉闇為明？都可以透過第三層次的討論，作更深入細膩的回應與釐清。

四、「證」：領悟性實證問題——你悟到什麼？

當文章討論到最後，一些人已經找到了新的人生觀念，或者解決煩惱更好的方法。這時候帶領人問到：「你在這篇文章的討論中，最後悟到什麼？」這是對於討論的過程作一收場的結論。一旦開放了的討論，必須要在文章的核心價值作深度的對話，一旦對話有了核心，就能掌握到自己學習中最後的精髓。「請用一句話來告訴我們您今天學習到了什麼？」或者因為一連串的反思，而找到新的人生觀念或生活態度：「從今天的討論後，對於未來，您要如何重新規畫自己的生活？」

也因此，帶領人在第四個層次的帶領中最為重要，要將今日討論的重心作一整理、歸納與回應。當每個人談出他對整篇文章以及討論後所產生的啟發與學習，其時就如「倒吃甘蔗」的心情一樣，愈吃愈甜。這個層次討論的目的，是給每個人有了自覺的方向與具體實踐的方法，對於佛法的體悟，到這裡才算是推上了一步；至於未來如何再修再證？到這裡才有了一點方向與眉目。

「聞思修證討論法」是提供讀書會的帶領人，有一思考討論的依據，其層次有時從二至三，偶爾又會從三而返二，其討論完全依團體成員的思想流而自然發展，但是背後卻有其方向而進行。許多人將層次學會了，卻忘記了整個讀書會最重要的價值是在其帶領的精神，一個帶領人若能具備傾聽、接納、尊重、包容等態度，同時以生命的感受去敏銳觀察參與者的感受，必然使成員敢開口、能開口，而且言之有悟。

「人間佛教讀書會」從二〇〇二年一月一日成立至今，雖舉辦了兩千餘場的培訓，但是對於帶領人是否真正得心應手，實在猶有掛心，也因此，總部特別利用封山期間一個月，將佛教名相、義理、人物等主題，一一結集成書，以作為帶領人的參考手冊，一者期望所有帶領人有練習帶領版本的來源，二者希望所有初發心參加讀書會的朋友們，藉此找到讀書討論的有效的方法，並且聆聽到每一個不同生命的精彩樂章。

四層次的提問

層次	討論線索	例句	說明
一、熟悉與複習材料	1.已知的記憶中的	「記得這一章在說什麼？」、「文章裡有哪些人物？」 「作者舉了哪些例子？」、「這個故事是發生在哪裡？」 「什麼時間發生的？」、「整本書分成幾篇、幾章？」 「第二篇先說什麼？接著呢？」	成員將所知、所了解的很容易快速的說出，一方面建立氣氛與信心，另一方面快速將大家記得的內容複習一番。
	2.立即聯想的	「看到這個標題你會想到什麼？」 「聽到『習慣』這兩個字，立刻會聯想到什麼？」	
	回應材料 1.感受	「在讀這一篇時，有哪些心情出現？」 「整本書最喜歡哪一部分？」 「整章中最讓你感動的是哪一段？」 「這幾個角色中，比較不欣賞哪一位？」	與材料接觸過程中及時產生的主觀反應。
	2.印象	「哪一段印象最深刻？」 「談到這一章，哪些觀念讓你印象深刻？」 「哪個例子記得最清楚？」 「書中有哪些句子，讓你印象深刻？」	
	3.聯想（想像與假設）	「故事中的男主角大概長什麼樣子？」 「文中的媽媽看到女兒的男朋友在家中出現，那一剎那，你想媽媽的表情是……？」 「作者可能是在什麼情況下寫出這種內容？」 「如果你是例子中的主角，你可能會如何反應？」 「如果是在三〇年代，可能會如何論斷這件事？」	

摘自方隆彰《讀書會結知己》

二、回應與消化材料		
4.經驗立即聯結	「閱讀過程有想到什麼相關經驗？」 「看到書中的某某人，你有想到誰？」	
消化材料		
1.概念消解	「文章中的『卓越』指的是什麼？」 「你認為社會上有哪些稱得上『卓越』的人？」 「他們有什麼特色？」、「這些特色與書中的觀點有什麼關係？」、「文中說『智慧是……單一而持續的堅持』，是在說什麼？」、「作者怎麼會提出『人貴在能時時反觀自省』？」	釐清個人所了解的那個概念內涵，以及材料本身的概念真意，才不會產生各說各話。
2.去角色化	「例子中的父親是個什麼樣的人？」、「他的個性呢？」 「這樣的個性對人際交往有何影響？」 「生活中有哪些類似這樣個性的人？」 「故事中綿羊表現了哪些個性？」 「具有像綿羊這些個性的人，你會怎麼說他？」	探討角色背後的象徵意涵，以轉化與生活連結。
3.易位	「古代的廟堂相當於現今的什麼？」 「小朋友每天要去上學，就像爸爸每天要去哪裡？」 「美國國務卿的工作比較接近我國哪一種官員？」	以今解古、以本國解外國、以實際解比喻。
4.理解	「這篇文章最重要的兩個重點是什麼？」 「你認為作者想要傳達的觀點是什麼？」	
5.解惑	「對材料內容有什麼疑惑、不解的地方？」 「有什麼質疑之處要提出來？」	

層次	討論線索		例句	說明
三、詮釋與驗證材料	詮釋材料	1. 闡述觀點說明理由	「你對那一段印象特別深刻的原因是？」 「怎麼說你在閱讀時會產生哪樣的心情？」 「你支持作者的論點是根據什麼？」 「你反對的理由是什麼？」 「有關作者對智慧的看法，你個人的觀點是？」 「你最欣賞文中的某某人，請多說一些你的看法？」	將客觀材料的內容與成員的觀點做直接、深度的對話。
		2. 推理	「根據作者的說法，你會有什麼推論？」 「你認為作者是如何導出這樣的結論？」 「這樣的論點，你看出作者背後的價值觀可能是什麼？」	
		3. 反證、異向思考	「針對剛剛的討論，誰有不同的看法？」 「如果情況不是如此，你的看法是什麼？」 「針對作者的論點，你有什麼不同的看法？」	
		4. 質疑挑戰、評論	「有什麼是和材料所說很不同的？」 「作者的論點有什麼矛盾的地方？」 「如果作者在你面前，你想挑戰他什麼？」 「如果要發表一篇對此書的評論文章，你的主要論點是什麼？」	

驗證材料	1. 他驗	「在你身邊有誰有類似書中所說的經驗？說說看？」 「文中談到某某狀況，你會想到誰的相關情況？」 「由這些人的經驗中，大家有些什麼發現？」	
	2. 親驗	「有什麼類似的經驗？」、「有什麼不同的經驗？」 「什麼情況下，你也會有類似作者的反應？」 「當時你的想法是？」 「現在會怎麼解釋那樣的狀況？」	
四、深化與活化材料	「整理」「收穫」「發現」「體會」「體悟」「洞察」「反省」「掙扎」「心得」「挑戰」「提醒」「自我整理」「啟示」「學習」「應用」「應許」	「剛才聽了許多看法與經驗，你認為其中有哪些相通之處？」 「這些相通之處，可以詮釋這份材料背後什麼深層的意義？」 「經由以上的討論，你最直接的收穫是什麼？」 「經過討論後，你對材料的理解或體會有什麼不同？」 「你認為文章背後要表達的意義是什麼？」 「一路討論下來，你發現哪一部分是你回去可以運用的？」 「如果能依剛才所談去做似乎滿好的，不知你真正要去實踐時，最大的困難會是什麼？」 「困難背後的挑戰是什麼？」、「你會如何因應？」 「談談對今天討論的感受與心得。」 「談談對今天討論後，對自己的發現。」 「回去後，想要在生活中提醒自己什麼？」 「如果請你為今天的材料重新下個標題，你的標題是什麼？」、「請你為這本書重新命名？」 「藉由材料與成員的經驗，我們做了許多討論，你想跟作者說些什麼，現在請寫一封一百字以內的信給他。」	提問有助成員「將第三層次的內涵加以整體，並凝聚、沉澱或提煉出貫穿其中或潛藏於內的深義，進而能回扣材料內蘊的真理或可加以應用、實踐」的問題。

向自己宣戰

世間最大的敵人，不是別人，而是自己。敵人躲藏在我們的心裡，在我們的思想中，我們掩護自己的敵人，不容易發覺；自己的思想上、心靈裡，惡的不除，要想解脫自在，非常困難。

敵人的主帥，就是我執，貪瞋癡慢疑是他們的五大集團，心是司令。向自我挑戰，沒有厚實的本錢，要達到勝利的目標，並不容易；即使是一個有為的修行人，要與八萬四千煩惱魔軍作戰，想要凱旋而歸，也是談何容易。一般人把八萬四千魔軍完全隱藏在心裡，成為隱形的軍隊，要向他們宣戰，先要認識這些魔軍的本來面目，了解後才好把他們殲滅。這些魔軍的面目是什麼呢？

一、**自私**：自私就是我執，凡事只想自己，不想別人，我的財富，我的家人，我的想法，我的所有。這許多的碉堡，牢固不移，所以要有「天下為公」的思想來打破自私的觀念，並不容易。但是一個人有沒有人格道德，就看他有沒有被囚在自私的羅網裡，如果還能念念有人、有你、有他；心中有道德、善良、因果，則他的自私就已經有所鬆動，只要再加把勁，克服私心、私念、私情，就不為難了。

二、**欲望**：人生對「財色名食睡」的五欲，也是「望欲興嘆」，無可奈何，所以人都做了欲望的奴隸。金錢，人之所欲也，誰又不做金錢的奴隸呢？名位，人之所欲也，誰又不做名位的奴隸呢？愛情，人之所欲也，誰又不做愛情的奴隸呢？衣良，人之所欲也，誰又不做衣食的奴隸呢？欲望本來也不一定完全不好，除了染汙的欲望應該排除之外，善法的欲望也可以讓它增長，例如：孝養父母、報效國家、慈濟社會、增益全民，只是具有這種善法欲的人，為數不多。

三、嫉恨：人心裡的惡念，多如牛毛，但是舉其大者，嫉恨是最壞的惡念。妒人所有，妒人勝己所有好者、善者，他一概不喜，總要去之而後快，這是人性最可恥的劣根性。恨心也是最大的過失，好事他想成壞事，嫉恨的火能燒毀一切善事，吳三桂將軍一怒為紅顏，不是妒心毀滅了大明江山嗎？嫉恨是毒蛇，當人遇到嫉恨，很難逃過一劫。

四、懶惰：人應該向自我宣戰的敵人很多，無明、愚癡、懈怠、無恥、無愧，尤其懶惰最為可怕。阿那律只是在法會上打了一個瞌睡，佛陀就呵斥他「咄咄汝好睡，螺螄蚌蛤類，一睡一千年，不聞佛名字。」可見懶惰之罪重矣。

《百喻經》裡有一個故事說：太太為懶惰的先生做了一個圓圈餅，掛在他的頸上，自己回娘家探親。一去數天後回家，丈夫已經餓死了，因為他只吃前面的餅，懶得把後面的轉過來送到嘴裡。一個家庭裡，家人都懶惰，家裡貧窮；社會上的人都懶惰，社會落伍；國家都養一群懶惰的人，則國不成國，市不成市。

向自己宣戰，我們只曉得消滅敵人，不曉得自己才是自己最大的敵人；把自己的敵人統統消滅，還給我們一個清淨健全的菩薩人生，那才是值得歡呼的最大勝利。

——星雲大師《人間萬事5．向自己宣戰》

人間佛教讀書會總部方案設計

主題	向自己宣戰	作者	星雲大師
閱讀目的	戰勝自己的煩惱	對象	一般社會大眾
暖身	1. 以一張小卡片，寫出自己的優點及缺點，並找學員自我介紹。 2. 在活動中，認識最多人者，可獲得精美禮物。		
問題設計 帶領討論	1. 這篇文章出自哪裡？作者是誰？ 2. 作者提到世界最大的敵人是誰？這些敵人都會躲在哪？讓人不容易發現。 3. 敵人的主帥是誰？五大集團指的是哪些？誰是他們的司令？ 4. 作者認為要與魔軍作戰，就要認識這些魔軍的本來面目，作者指出哪些是它們的本來面目？ 5. 作者提出怎樣克服「自私」的魔軍？怎樣殲滅「欲望」、「嫉恨」、「懶惰」的敵人？ 6. 作者認為怎樣才算是最大的勝利？ 7. 你覺得作者所提到的魔軍，最難被發現的是哪一個？最難殲滅的又是哪一個？ 8. 除了作者提到的這幾個魔軍外，你還發現哪些是作者沒有提到的？		

	9.你認為一個肯向自己宣戰的人跟不肯跟自己宣戰的人，人生會有哪些差異？ 10.你覺得「向自己宣戰」的過程中，如果要成功，需要具備什麼條件？
分享	1.請分享你曾經戰敗的經驗？原因是什麼？ 2.請分享戰勝自己的經驗，戰勝自己後的感覺是什麼？你用了什麼方法？
結論	1.經過討論後，你最想要向自己的哪一個魔軍宣戰？你會用什麼方法？ 2.這篇文章經過討論後，給你最大的啟發是什麼？
延伸閱讀	參閱《人間萬事》套書〈革命〉、〈挑戰〉文章
帶領人回饋	請參閱〈帶領人的精神與態度〉

新修行法

信仰宗教的人，尤其是佛教徒，都很重視修行。修行就是要清淨身口意，例如，身要禮拜，口要念誦，心要觀想，使三業清淨，才能與道相應。

說到三業的修行，一般人想要拜佛，家無佛堂，寺院又遠；想要念佛唱讚，個人也無音樂素養，音律不準就無法讚歎如來。現在有新的修行方法，提供參考：

一、**每天想一個好人**：每天想一個好人，把他記在日記本上。每天所想的對象不同，舉凡宗教的、哲學的、文學的、東方的、西方的，古今中外的偉人都可以。例如：釋迦牟尼佛、孔子、老子、唐太宗、蘇東坡、林肯、泰戈爾、德蕾莎等。如果能把他們的好事也記錄在簿子上，一年三百六十五天，日日不同，一年下來，檢查你所記載的好人。他是否真是好人，也要做個評鑑。這就如同念佛，念佛能成佛，心想好人、見賢思齊，當然也會成為好人。

二、**每天說幾句好話**：所謂好話，只要是真正出自內心的讚歎都可以。讚歎大自然，讚歎古今英雄好漢，讚歎身邊的瑣事，例如：你掃地掃得真乾淨、你搬桌椅都沒有聲音、你做事很細心、你很有愛心、你很有因果觀念等，只要是能讓人聽了歡喜，聽後能鼓舞信心的好話，每天都可以說幾句。

三、**每天想幾件好事**：自己做過的，或是別人所做的好事，都可以想。例如，到育幼院探望兒童，到傷殘、養老的機構關懷老病，到偏遠山區從事醫療服務等。甚至自己正想要做，乃至媒體所報導的好事，例如想要加入社會義工行列，從事掃街、資源回收、愛心媽媽等服務，都可以想。

四、每天讀幾頁好書：所謂好書，凡是宣揚忠孝仁義精神，闡釋有益身心健康的各種學說、道理，都是好書。人要每天吃飯，才有營養；相同的，每天讀幾頁好書，就是為精神增加食糧。

五、每天唱幾首好歌：唱歌可以自娛娛人，尤其詞曲優美的好歌，例如《人間音緣》的〈愛就是惜〉、〈點燈〉、〈朝山〉等歌曲，旋律清新、詞意發人深省，具有鼓舞人生的功能，每天可以跟著伴唱帶合唱，或是自己獨唱也可以。如果不方便，也可以哼「七音佛」，或念一卷《般若心經》代替。

六、每天念一篇祈願文：現代社會很流行讀誦祈願文，甚至長久以來，基督教的宗教生活，就是一個「祈禱」。在我們的生活裡，如果每天能讀一篇〈佛光祈願文〉，對社會各種人士的酸甜苦辣，都能真心為他們祈願祝福，以此作為自己的修行，久而久之，身心得到淨化，自然會得到感應。

以上所說「新修行法」，是為這個時代的大眾所特別開出的方便法門。每天六件事都能做到固然很好，如果感到有些困難，至少能在六事當中，選擇一半，持之以恆，交替實行。每天能夠完成三件事，作為自己的定課，則與每日拜佛、念佛、打坐、觀想等修行，意義是一樣的。有心修行的同道們，對此提案，何妨一試。

——星雲大師《人間萬事12・悟者的心境》

人間佛教讀書會總部方案設計

主題	新修行法	作者	星雲大師
閱讀目的	現代人修行的方便法門	對象	一般社會大眾
暖身	現場帶領大眾唱一首《人間音緣》歌曲〈朝山〉		
問題設計 帶領討論	1.佛教的信徒都很重視修行什麼？文章中怎樣修行才能與道相應？ 2.文中〈新修行法〉有哪些？請舉例說明。 3.每天想好人、說好話、做好事、讀好書、唱好歌、念祈願文，請大家選一則說明內容。 4.星雲大師為這個時代所提出修行的方便法門是什麼？ 5.本文指出每天六件事都做到固然好，如果困難至少可以怎麼樣？ 6.〈新修行法〉中，你喜歡哪一種修行法，原因？ 7.哪一些修行法，自己比較不容易做得到？原因是什麼？ 8.所謂的好話，指的是什麼？ 9.做好事，除了文中舉出的例子，你還想到哪些可以做的好事？ 10.讀好書，你讀過的好書，有哪些種類？特別喜歡的好書是哪一本？		

	11.唱好歌有哪些功能？你最常唱的人間音緣歌曲有哪些？ 12.每天恭讀星雲大師《佛光祈願文》，對我們生活中有哪些影響及幫助？ 13.作者提出的新修行法中，哪一個在日常生活中比較容易落實？ 14.作者提出的新修行法門，跟你過去所認知的傳統修行法門，你覺得有哪些不同？ 15.作者提出的新修行法門，對現代人有哪些具體的幫助？
分享	生活中如何實踐三好「做好事、說好話、存好心」？
結論	透過今天的討論，你回去之後會有什麼新的改變？
延伸閱讀	《人生卜事》、《佛光祈願文》
帶領人回饋	請參閱〈帶領人的精神與態度〉

跨越

「跨越」是人所要學習的本領，因為在人生的道路上，有許多鴻溝需要跨越，有許多障礙需要跨越，就是居家的門檻很高，也要跨越。嬰兒在成長時，父母就訓練他走路，幫助他跨出第一步。長大後，社會上許多的人情，都需要我們去跨越。甚至人的內心存在著許多陰影，也要自我跨越。

有一位旅居香港的華人，駕駛汽車飛越黃河，轟動一時，但最後卻猝不及防的驟逝家中，難以跨越生死。人生雖然難以跨越生死，但有很多事需要我們去跨越，例如：

一、**跨越執著**：一個人的執著，好像繩索，把自己緊緊的束縛住；又像牢籠，把我們局限在某一處，使我們不容易融入社會大眾，使我們不能悠遊於自由開放的世界。執著縮小了自己，不能開闊，不能擴大，所以必須跨越執著。我們可以用公義來取代執著，可以請教智者來修正執著，可以修養真心本性來放下執著，可以博覽群書來通達各方道理，不一定要執著。

二、**跨越人我**：人我就是人際之間的鴻溝，人不是我，我不是他，彼此之間有了界限，就有了距離。世間上，不但貧富之間難以跨越，智愚之間也難以超脫。男女之間，更是壁壘分明，甚至種族之間心存芥蒂，宗教之間互相排斥。人可以用「同體」來看人我之間，能夠相互尊重，就是橋梁；能夠相互包容，就能平坦；能夠相互友愛，就能拆除人我的藩籬；能夠利行於人，就是最好的攝受。能夠拆除人我之間的障礙，你中有我，我中有你，則促進世界大同，實現世界和平，也才有成功的希望。

三、跨越國界：現在的社會，已經慢慢從家族，延伸到對社區的關懷。現代人，不管你居住在哪裡，能對社區有所貢獻，最容易獲得別人的尊重。當然，只做到社區服務還是不夠，應該要跨越時空，要能超越國界，如〈禮運大同篇〉說「老吾老，以及人之老；幼吾幼，以及人之幼」，就是要我們能有「世界大同」的超越思想。孫中山先生說「四海之內皆兄弟」，現代人也有建設「地球村」，做個「地球人」的觀念，這都是超越國界的思想。能夠融和地球上一切有情的生命，這是一件很有意義的事，值得大家全心全力來提倡。

四、跨越傳統：傳統是我們的固有文化，有些優秀的傳統價值，值得保留、傳承，有些不當的傳統，則不應該持續的執著。越戰期間，有一位美國記者到越南採訪農村經濟，在鄉村小路上，見到一位男士坐在裝滿東西的牛車上，妻子挑著擔子尾隨在牛車後面。美國記者心生不平，就問：「怎麼你自己坐在車上，卻讓你太太挑擔走在後面？」越南農民說：「這是我們越南的傳統。」數月後，美國記者又在另一條山路上遇到這對夫妻，這一次是太太牽牛走在前面，男人坐在車上尾隨。記者上前問：「現在怎麼傳統改變了，怎麼變成太太走在前面？」農民說：「因為前面有地雷！」你說這種傳統能不跨越嗎？

其實，人生要跨越的事還有很多，例如：跨越歷史、跨越私情、跨越流言、跨越自我等，都要展現自己的本領。縱使不能跨越，繞道也是方法之一。

——星雲大師《人間萬事3．豁達的人生》

人間佛教讀書會總部方案設計

主題	跨越	作者	星雲大師
閱讀目的	衝破難關自我成長	對象	一般社會大眾
暖身	1.設計闖關遊戲一則 2.朗讀文章一遍		
問題設計 帶領討論	1.本文作者是誰?出處在哪裡? 2.文章一開始作者說什麼是人所要學習的本領? 3.本文指出人生道路上有什麼是我們需要跨越的? 4.作者舉出有很多事需要跨越,例如:執著、人我、國界、傳統,其中重點有哪些? 5.作者舉出哪些方法來跨越執著? 6.在跨越文中,作者提到人我之間不容易跨越的有哪些? 7.作者說縱使不能跨越,還有其他什麼方法? 8.你覺得文章中,印象最深刻的是哪一段? 9.你覺得人生最難跨越的是什麼? 10.你覺得作者在本文中,最想傳達給我們的是什麼?		

	11. 你認為要跨越一切的障礙，最需要的是什麼？ 12. 你覺得哪些事情是最容易跨越？哪些是不容易跨越？ 13. 你認為作者在跨越傳統的故事中，想告訴我們什麼？ 14. 請舉例說明有哪些不當的傳統？ 15. 人生中有哪些逆境需要去突破？
分享	請談談你遇到困難挫折時，曾有過跨越成功的體會。
結論	1. 透過今天的討論，你學習到什麼？ 2. 今天的討論你的收穫是什麼？ 3. 未來你會如何去實踐？
延伸閱讀	參閱《人間萬事》套書〈向自己宣戰〉文章
帶領人回饋	請參閱〈帶領人的精神與態度〉

雙好

作詞：星雲大師
作曲：韓賢光

心好命又好　榮華富貴早
心好命不好　一生能溫飽
命好心不好　前程不能保
心命都不好　窮苦直到老
說好話　做好事　存好心
建設人間善美的淨土

人間佛教讀書會總部方案設計

主題	雙好	作者	星雲大師
閱讀目的	行三好，讓世界更美好	對象	一般社會大眾
暖身	1. 說唱閱讀 2. 可搭配手語教唱		
問題設計 帶領討論	1. 這首歌的作者是誰？出自於哪裡？ 2. 你認為會改變命運的方法有哪些？ 3. 這首雙好歌，讓你印象最深刻的地方是什麼？ 4. 「心」與「命」之間有何關係？ 5. 提到心好命又好的人，你會聯想到誰？ 6. 生活當中曾經遇過心不好，但命很好的人，你的看法是什麼？ 7. 對於心很好，但命不好的人，你如何看待？ 8. 這首歌作者主要想告訴我們什麼？ 9. 這首歌探討「心」代表什麼意涵？「命」代表什麼意涵？ 10. 請談一談，你對命運的看法。 11. 怎麼樣才能創造人間善美的淨土？		

	12.請將這首歌，重新命名。
分享	從學佛前到學佛後，你發現自己的心有什麼改變？ 對於自己的命運，又有什麼看法？
結論	這首歌給你最大的啟發是什麼？
延伸閱讀	《改變命運的方法》
帶領人回饋	請參閱〈帶領人的精神與態度〉

十修歌

作詞：星雲大師

一修人我不計較　二修彼此不比較

三修處事有禮貌　四修見人要微笑

五修吃虧不要緊　六修待人要厚道

七修心內無煩惱　八修口中多說好

九修所交皆君子　十修大家成佛道

若是人人能十修　佛國淨土樂逍遙

SONG OF THE TEN PRACTICES AND CULTIVATIONS

Venerable Master Hsing Yun
English translation: Miao Guang

Practice One: Don't be calculative.
Practice Two: Don't compare.
Practice Three: Be polite.
Practice Four: Always smile.
Practice Five: Don't worry about being disadvantaged.
Practice Six: Be honest and kind.
Practice Seven: Be carefree.
Practice Eight: Speak good words.
Practice Nine: Befriend honorable people.
Practice Ten: Everyone be the Buddha.
If everyone tries these ten practices,
We shall live in the Buddha's Pure Land of joy and carefreeness.

—*from Fo Guang Cai Gen Tan*
(Mindful Wisdom, Heartful Joy)

人間佛教讀書會總部方案設計

主題	十修歌	作者	星雲大師
閱讀目的	生活即是修行	對象	一般社會大眾

暖身

1. 朗讀
2. 歌曲（以揚州小調）

問題設計 帶領討論

1. 這首歌的作者是誰？
2. 十修歌的內容有哪些？
3. 這首歌曲哪一個字最多？
4. 「修」這個字是指什麼？
5. 十修歌中，你最喜歡哪一段？
6. 怎麼做到不計較、不比較？
7. 透過十修歌，作者最想帶給我們什麼？
8. 你認為十修歌，如何應用在生活中？
9. 作者認為吃虧不要緊，你認為呢？
10. 你覺得怎樣待人才算厚道？
11. 怎樣做到心內無煩惱？

	12. 你平時在交朋友有什麼原則？ 13. 十修歌曲當中，彼此之間有什麼關聯？ 14. 生活中，我們對哪些人、事、物常常比較？請多說一點。
分享	1. 十種修行當中，對你來說比較容易做到是哪一種？ 2. 十種方法有哪些是不容易做到？ 3. 對於不容易做到的部份，能否提供一些寶貴意見？
結論	透過今天討論，十修歌給你的啟發是什麼？
延伸閱讀	《華嚴經・淨行品》
帶領人回饋	請參閱〈帶領人的精神與態度〉

人間佛教讀書會帶領人演練注意事項

一、帶領人：

1.請先選出一位「記錄人」、一位「報告人」

2.第一次帶領時，請先讓大家彼次認識。（當自己不好意思介紹自己：可讓第一位介紹下一位，依次下去，再由最後一位介紹第一位）但要注意時間不可拖太久。

3.請在核心的主題上多作討論，例如：「西方取經」。

4.所設計好的問題不必一一問到，依大眾討論狀況作取捨。

二、記錄人：請就「帶領人討論記錄表」作詳實的記錄，尤其討論問題的重點、氣氛，或所遇到的障礙，如實地記錄在表格上。

三、報告人：「各組報告時間」依次前往報告。

報告時間：5分鐘

報告內容：1.我們所討論的重點在哪裡？

2.我們討論的氣氛如何？

3.我們遇到的困難或障礙是什麼？

4.我們學習到些什麼？

人間佛教讀書會成立組織表

一、會　名	
二、宗　旨	
三、願　景	
四、對　象	
五、共同公約	
六、組　織	召集人：
	帶領人：
	文書組：
	關懷組：
	庶務組：
	活動組：
七、時　間	
八、地　點	
九、會　歌	
十、隊　呼	

記錄人：　　　　　　日期：　　年　　月　　日

人間佛教讀書會

_______ 年 ________________ 讀書會閱讀計畫表

次 數	日 期	書名／文章	作 者	出 處	帶領人
第一次					
第二次					
第三次					
第四次					
第五次					
第六次					
第七次					
第八次					
第九次					
第十次					
第十一次					
第十二次					

表格可自行設計或影印使用

讀書會總部帶領方案設計

閱讀主題	主題： 作者： 出處：	閱讀目的	
設計人		閱讀對象	

流　程	活動內容
暖　身	
問題設計／討論	
分享／回饋	
結語／下期預告	
延伸閱讀	
帶領人注意事項	1. 帶領人須以傾聽與對話的態度與會友共同討論。 2. 問題設計僅作參考，不一定要問完，可以順應現場問題討論。 3. 討論的時段可以彈性運用，時間需掌握準時，不超過時間。

讀書的目的：讀做一個人、讀明一點理、讀悟一些緣、讀懂一顆心　——《佛光菜根譚》

文章帶領演練記錄表

帶領人：　　　　　　記錄人：　　　　　　組別：

日　期：　　　　　　地　點：

文章名稱		
提問內容		
討論過程及結果	氣氛感覺	
	障礙	
	學習	

人間佛教讀書會總部帶領人自我檢視表

填表日期：　　/　　/

課　程		填表人	
講　題		地　點	
課程時間		學員人數	
內容概要			
整體欣賞處			
整體學習處			
可改進事項	帶領人自我檢視：		
	整體課程檢視：		

讀悟一些緣

閱讀悅讀　豐富生命

星雲大師在二〇〇二年成立「佛光山人間佛教讀書會」，透過各種多元的讀書方法，讓更多人與書結緣。

因為讀書有了方法和朋友，書本中的枯燥，就變得活潑而生動了。尤其讀書會的進行模式多元，從電影、環保、親子、辨字等各種方法，不拘泥形式地在公園、山林水邊或者郊外都能進行。

一篇文章或者一本書籍，便可以就著主題探討、發表，進而得到文字般若。

▲林少雯老師致力於豐子愷《護生畫集》的研究、賞析和推廣。

▲高淑敏老師以「鐘擺之共振」、「冷漠之都市人」等小視頻為主題，演示帶領技巧。

◀講師群的戶外讀書會。

佛光會讀書會

星雲大師和趙翠慧的小小讀書會

／林少雯

星雲大師說兩個人就可以組一個讀書會，有因緣就要隨時讀書。

提起讀書會，國際佛光會中華總會副總會長也是檀講師的趙翠慧，話匣子一打開，句句都精彩無比。

讀書會的起始

趙翠慧，佛光山上下下的人都叫她小慧。她說讀書會的開始很有趣，有一天她在台北道場見到星雲大師，大師要搭下午一點多的飛機去西來寺。他們一起吃了簡單的早午餐。大師問妳最近忙什麼？小慧說我要去師大上讀書會相關的課，大師說妳去了解一下什麼是讀書會。原來大師心中早已有開辦讀書會的想法了。正在廣徵廣納意見。後來小慧拿了許多讀書會的資料給大師做參考。能從一開始就參與，小慧覺得自己很有福報也覺得與有榮焉。

第二年即二〇〇二年，佛光山人間佛教讀書會成立了，由覺培法師負責執行，他全心全力去推廣，妙寧法師和滿穆法師也盡心盡力竭盡所能地協助。覺培法師如大海般廣納百川，尋找最好的讀書方法並培訓講師，小慧也與讀書會一起學習和成長。她說人間佛教讀書會如雨後春筍般在臺灣及全世界冒出新芽，且成長茁壯，至今已滿二十年。法師們的親力親為，講師們的絞盡腦汁，海內外辛勞奔波培訓和帶領，佛光人個個懂得也感恩。琅琅書聲和討論分享聲如此甜美，讓人如獲甘霖，將佛法和真善美植入生活中，佛光人因讀書而更加快樂和滿足。

一九九九年小慧歷經瀕死後重返人間，領悟了生命短暫又可貴，一定要好好發揮做有意義的事。她一方面分享瀕死經驗，鼓勵大家；一方面參與讀書會歡喜的應邀主持各種主題論壇、經典研討會、新書發表會……，在演講和讀書會的分享活動中南北奔波，還跑遍全球，不但不怕辛苦還感恩大家給她學習的機會。每次參與活動，尤其當主持人，上台前她一定好好準備，把每篇論文都讀完，還詳細做標記，寫得密密麻麻。然後從容的上台主持，連緊張害怕的發表人在她的引領下都能放心不緊張的完成報告。

猶記得二〇〇五年七月底雲居樓二樓的全民閱讀博覽會論壇「閱讀，讓夢想起飛」，是小慧主持的，至今她都覺得非常榮幸。開場時小慧引用了洪蘭老師說的，「廣泛閱讀就像搭房子的鷹架，當你讀完以後房子蓋好了，鷹架拆除了，你的智慧就顯露了。」大師很贊同這句話。那天大師開示說：「家庭愛讀書則成為書香世家，社會愛讀書則稱為書香社會，愛讀書、讀好書，品德自然高；品德高、重名譽，社會自然降低犯罪率。精忠列傳、忠孝節義如《三國演義》、《水滸傳》、《胡適文選》，都是影響我較大的書；重要的是讀書不僅要讀懂，更要實踐。書不單純指書，報紙、雜誌都包括，好的報紙提供有用的資訊、知識、指導生活、避免危害、監督弊端、促進效率、維護正義、保障人的自由、促進平等、發揮人權、彰顯人物、鼓勵好事、美感快樂。

台上台下的趙翠慧皆是人間佛教
讀書會裡的最佳代言人。

我推薦《人間福報》。好書、好文章、好報紙要多流通，看完送人或交換。要會看、會聽，才能聞思修。」

我們是最幸福的，小慧說師父有這麼多著作，可以充實大家的心靈，在佛法和智慧中求精進。《星雲大師全集》三百六十五部著作，共計三千五百萬字，師父真是破了金氏紀錄的大作家。

重要的是讀懂一顆心

去年因疫情改線上，小慧知道傳承很重要，她在普門寺陪佛光青年一起讀書並分享當主持人的技巧，怎樣收集資料、提問、回答、討論和分享。青年很認真學，讓她看到希望，她也在向青年學習。

在分享時，大師說的「讀做一個人、讀明一點理、讀悟一些緣、讀懂一顆心」這四點中，小慧認為讀懂一顆心最重要，跟作者心心相印後，去分享，再去感應另外一顆心。

讀書會的型態多元，有一次在佛光山辦成果展，每個讀書會都做成海報發表，小慧說：哇！無法打分數，那次是經過篩選後的讀書會參展，個個精彩，都是傑作。

大師的願力夠大，用這種方式讓大眾讀書，將家裡的酒櫃換成書櫃，麻將桌改成讀書桌，推動生活書香化的書香社會。

大師開風氣之先，且有願必圓，覺培法師是點子王又平易近人，讓大家覺得只要一起努力大師的願我們定能圓，覺培法師、滿穆法師、妙寧法師一起向前衝，讓大家一開始就建立起閱讀習慣，習慣成自然，就不會鬆懈。

讀書會的型態五花八門，法師們使盡渾身解數，大師又不時提點大家怎麼讀書、怎麼培訓、怎麼帶領、怎麼發表，讓人間佛教讀書會急速推廣開來。大師常說有佛法就有辦法，大師的文章本身就層次分明，非常適合當教材，讓佛光人不愁沒書讀。

在讀書會中大師總是很認真聽大家的心得，不但鼓勵大家講，還會參與交換意見。小慧生病那段時間，大師問她最近有讀什麼書嗎？小慧說太累了讀得少，大師說累了就休息，但可以去想以前讀過的書，就像我眼睛不好沒辦法讀書，我就會去回想以前讀過的好書，反覆想，等於再讀了一遍，大師就是這樣滿腦子都想讀書。大師愛讀書人人皆知，他說人會因為讀書而歡喜，讀書若不能帶來歡喜就不會想讀。

有一次大師問小慧妳今天在人間衛視錄《迷悟之間》的哪一篇？小慧說錄〈縫補〉和〈包包〉兩篇文章。她問師父您會縫衣服嗎？師父說當然會啊！大師和小慧就開始討論這兩篇文章。大師說我們兩個就可以成立讀書會，因為妳太了解作者了。

大師常說讀書會帶領人一定要懂作者，要跟作者印心。小慧每次見到大師，他桌上都有好多書，大師說妳念書給我聽，現在是我們兩人的讀書會。聽到精彩處，大師會問真的嗎？有一次小慧讀《在天堂遇見的五個人》，她說這太神奇了。大師說是這樣子的嗎？那表情小慧永遠記得。大師認為這位作者是用外國人的想法寫的，中國人相信輪迴能接受這種思想；作者要給普羅大眾讀，寫得比較含蓄和技巧。有宗教信仰和沒有宗教信仰的可各自解讀，並不衝突。

人間佛教讀書會

師父總是說十個人讀書有十個想法，每個人跟作者的感應不同，沒有對錯的問題，看個人的福報資質而有不同感應。大師教會她在傳播和跟人分享時，要寬容的接受不同看法，看法不同是個人福報和根器的問題。

不期而遇的兩人讀書會

有一次大師剛從澳洲南天寺回來，小慧跟他分享《曠野的聲音》這本書，大師說我沒有去參訪這個部落，不過書上最重要的是要我們尊重大自然，寫得很好。

更特別的是在飛機上的兩人讀書會。有一次小慧上飛機了，忽然聽到蕭師姑在叫「甜姐兒」，她一回頭就看到師父進機艙了。師父問小慧在哪裡？小慧立刻說師父我在這裡，小慧過去陪大師一起坐，展開小小的兩人讀書會。不期而遇的意外驚喜有好多次，大師真是每一時每一刻都不忘讀書呢！小慧一坐定，大師就說你看看報紙和雜誌上有什麼好文章念給我聽。印象最深刻的是從加拿大溫哥華飛法國巴黎那次，飛機上都是外文雜誌，小慧從自己包包裡掏出一本書，念給師父聽。大師閉著眼睛，小慧以為他睡著了，停了一下，大師馬上哦了一聲，意思是怎麼停了？可見大師聽得很認真，她就趕緊繼續念。

小慧很佩服讀書會的師兄師姐們這麼投入，大師一聲「讀書喔」，大家就認真讀起書來。要大家歡喜讀書重要的是不給壓力。好好讀書除了能增長知識，在分享中還能汲取別人的經驗來改善自己的生活，智慧也增長了。

讀書會在全球結了很多善緣，讀書會菁英講師如方隆彰老師和簡靜惠老師，以及其他讀書會的讀書方法和類型，都在人間佛教讀書會中開花結果。

小慧回憶讀書會剛成立時，不禁甜甜地笑了起來，她說覺培法師承擔重任，他最愛提問，總是為什麼、為什麼的問大師？星雲大師都以智慧之語回答，覺培法師也以妙智慧心去感應，然後一一去實現，現在都全部落實了。

讀書會二十年，若問趙翠慧的感想，她只有一句話，就是：「太了不起了。」

婦女讀書會

讀書好 好讀書 讀好書

／滿穆法師

三百六十五本大師全集在旋轉書櫃上，讀書友伴各自挑選一本，靜靜閱讀約一個小時後，輪流介紹所讀的書有哪些內容，自己從書中吸收了什麼。

風雨無阻上學去

基隆天氣經常陰雨綿綿，曾順招、世淑娥、陳秀英撐著傘邁力向前，冬天走在東北季風迎風面，雨水打溼了衣衫，二十四年來為了「上學」，他們風雨無阻。

從小養成的觀念，上學的日子很重要，每週四的知心讀書會，就是他們口中稱許的「上學」。時序進入到二〇二一年，是呀！知心讀書會已經成立二十四年了。當初是勝鬘分會第二任會長陳扶美成立的，初成立的時候有二十位成員，主要的讀本有《知心明心》、《法相》，是由滿榮法師帶領的。經過歲月更迭，如今尚有四位貫徹始終的元老，召集人曾順招、帶領人世淑娥領銜琅琅讀書聲，全勤的悠揚音律，在極樂寺內閃耀登場。

「讀書會的會所不管是在極樂寺或在園長家，只要能翻閱好讀，我就感到踏實、愉快」，笑起來顯得溫婉親和的秀英，當初是仁愛國小才藝班媽媽讀書會的成員，幾位才藝班媽媽來到

▲讀書會具有自動淨化的功能，這股和風也吹進了讀書會成員的家庭中。

極樂寺滴水坊聚會，法師親切邀約他們參加極樂寺讀書會，一向奉行「讀書好 好讀書 讀好書」的秀英，開心地加入，與順招、淑娥結識，自此知心讀書會的力耕火種儼然成形。

勝鬘分會督導蔡蕙鎂，二十年前加入佛光會，她說目前知心讀書會有十五位夥伴，新加入的年輕成員熟悉電腦操作打字快，就商請她們擔任文書組、關懷組；雖然會長並非召集人或帶領人，但只要會長參加，新入會員就會比較踴躍，公認會長是團隊中的指標性人物。蕙鎂非常肯定讀書會，在此平台，幹部會員增加了許多交流互動的機會，凝聚了共識，對推動會務有極大幫助。「我們讀書會有閱讀計畫，帶領人總能適當掌握進度，不會在討論佛光會務的議題上著墨太多，畢竟這是讀書會不是佛光會會議，比重我們拿捏得很準確。」

讀書會是新入會員最棒的迎新活動，透過

這場域，可以認識許多資深佛光人，消除在團體中的陌生感，又可以有深入對話，進一步了解佛光會的宗旨理念，彼此激勵，相互扶持提攜，共同成長。有了同伴，新人更樂意加入佛光會義工行列。

世淑娥接棒當帶領人已經有十幾年，她說二十幾年來，我們讀書會不曾有過不耐煩、大小聲的場面，大家都是互相尊重包容；很奇妙的是，讀書會具有自動淨化的功能，對話過程中自然而然傲慢心不起，氣場非常和諧，遇到彼此理念不同的時候，也不會當場爭論誰是誰非，都是私底下再去討論切磋。讀書會裡的惠暢和風，也帶到家庭中，夫妻遇到意見不一致時，都能有良好溝通，連先生提垃圾去倒入垃圾車，太太也會柔聲向他道謝，就可以想見那分相敬和睦，該是如何令人稱羨。

解行並重讀書會

順招和淑娥強調：一個成員都不能流失。秀英腳受傷行動不便，或哪一位成員年老了不方便出門，我們就到她們家去進行讀書會。週四早上絕對是讀書會時間，已經習慣了，除非不得已，才會排入其他行程。

《佛光菜根譚》、《佛光教科書》、《金剛經講話》、《余秋雨文學山居筆記》、《成就的秘訣——金剛經》、《人間佛教佛陀本懷》、《勝鬘經》，都是共讀的書目；我們會分配輪讀順序，輪讀者讀完自己負責的那一段落後，再略釋內容大意。因為認領的段落都不長，所以不會造成壓力。記得讀《金剛經講話》那期間，每次帶領人還會分派回家作業，有夠認真。

經由讀書會大家更認知到「解行並重」的重要，只要發布佛光會活動項目，大家認領「行門」義工工作都相當踴躍。「慶祝佛陀成道日臘八粥結緣活動，夥伴們穿著圍裙一起切菜備料，其樂融融。」「我們也曾到南榮新村去幫獨居老人清理房子，屋頂破落，我們拿鏟子去除瓦礫、扛重物、移除汙泥、擦地，然後通知環保局來收垃圾。那天大家都覺得龍天護法有在幫忙，那位老人家中有一個舊冰箱已經壞了沒辦法使用了，大夥圍看這個冰箱，我們勝鬘分會的知心讀書會員都是女生，實在搬不動也不知道要搬到哪裡去，正不知該如何是好的時候，竟然聽到斜坡下方傳來回收舊冰箱舊洗衣機的擴音喇叭聲，這時機因緣實在太巧了，我們喜出望外，趕緊將回收業者請來搬走冰箱，獲得的收購款交給獨居老者，把環境整理得乾乾淨淨才回家。」

二〇一八年讀書會總部力推《星雲大師全集》，知心讀書會採取全新的閱讀方法。

知心讀書會有寒暑假，每年春秋兩季會舉辦戶外參訪活動，到風景名勝走走，在遊覽車上也沒閒著，把握機會進行讀書會，發現帶領「人間音緣歌曲」最貼切最具帶動作用。

二十四年來是否有過黯淡期？有的，冬天太冷又逢下雨，許多讀書友伴會缺席，因為知心讀書會早上九點三十分開始，要早起在風雨中趕路「上學」的確很辛苦，但有四位元老是永遠不缺席的，每週四早上讀書會持續不中斷。

「知心」閱讀風氣影響所及，勝鬘分會另增設了兩個不同類型的讀書會，謹將這分書香捷報獻給正在努力落實「生活書香化」人間佛教讀書會總部，大家一起加油！

帶領人種籽讀書會

鍥而不捨不二法門

／滿穆法師

為了不辜負講師們的教導，十七年來，開學典禮、結業式、組別運作，乃至會旗，每一個環節都不馬虎。

讀書會竟如此令人期待！黃茹卿述說的這個「種籽讀書會」，曾讓她出差回臺一下飛機，便從桃園機場搭計程車直奔台北道場，走進讀書會場，十三個夥伴語笑寒暄歡迎，拉著大行李的她笑開了「趕上了趕上了」，今晚讀書會的序分才正要開始呢！

特別的「班長群組」

台北道場種籽讀書會成立已滿十七年。每週四晚間例行的讀書會，除了每年固定的寒暑假期，其他時間儘量不暫停、不中斷，多年相熟的夥伴們團聚讀書，氣氛溫馨親切，又能從書中、討論分享中獲得知識及佛法智慧，所以每位成員都相當珍惜。

台北道場種籽讀書會能長久堅持下來，特別的「班長群組」，可以說是最重要關鍵。每年兩學期，開學前召集人會邀所有成員票選想閱讀的書目，列出閱讀計畫進度和帶領人名單，包括班長、文書、總務、活動組長，也統統推選出爐。

▲多年相熟的夥伴共聚讀書，每位成員都相當珍惜共讀的時光。

班長群組共五人，是由召集人和一學年前後新舊任班長與現任班長，就是決策行政團隊。開學典禮中有一個「交接印信」的程序，可能是獨一無二的創舉，這印信沒有實質功用，主要是象徵承擔起了責任。

人間佛教讀書會總部成立之初，覺培法師舉辦一系列的培訓講習，讓種籽們非常受用。爾後方隆彰老師與妙慧法師又為種籽們講授進階課程，為了不辜負講師們的教導，十七年來，開學典禮、結業式、組別運作，乃至會旗，每一個環節都不馬虎。

有一陣子因為班長家務分量加重，又沒有及時在班長群組中發出「支援前線信號」，所以讀書會前後的聯繫和閱讀材料的統整，都顯得散漫，導致出席率節節下降。可能進行了十二年，每週四固定舉行，成員也略顯疲乏了。黃茹卿在當期的結業式籌備會上，用一巧思提醒了眾人，「好似大家有點疲乏了，是不是我們暑假過後暫停一學期，明年再開始讀書會？」這意味著從七月開始到明年二月，將近八個月的時間，沒有讀書會，已經習慣每週四見面的種籽們，聽了這提議，個個張大了眼睛，十幾年來琅琅讀書聲，溫馨氛圍親切談心的畫面一幕幕閃過。所謂「一日不讀書，言語乏味；三日不讀書，面目可憎。」八個月不讀書？難以想像！夥伴們期期以為不可。茹卿順勢鼓勵大家不忘初心再接再勵，同時廣發英雄帖，邀約大家到她家裡舉辦結業式。這是行之有年的結業模式，也是大家最期待的，麗芬笑說，茹卿的廚藝了得，到她家結業，又是一場名副其實的身心靈「饗宴」。

二〇一八年閱讀《星雲大師全集12・在人間歡喜修行——維摩詰經》，輪到茹卿當帶領人，

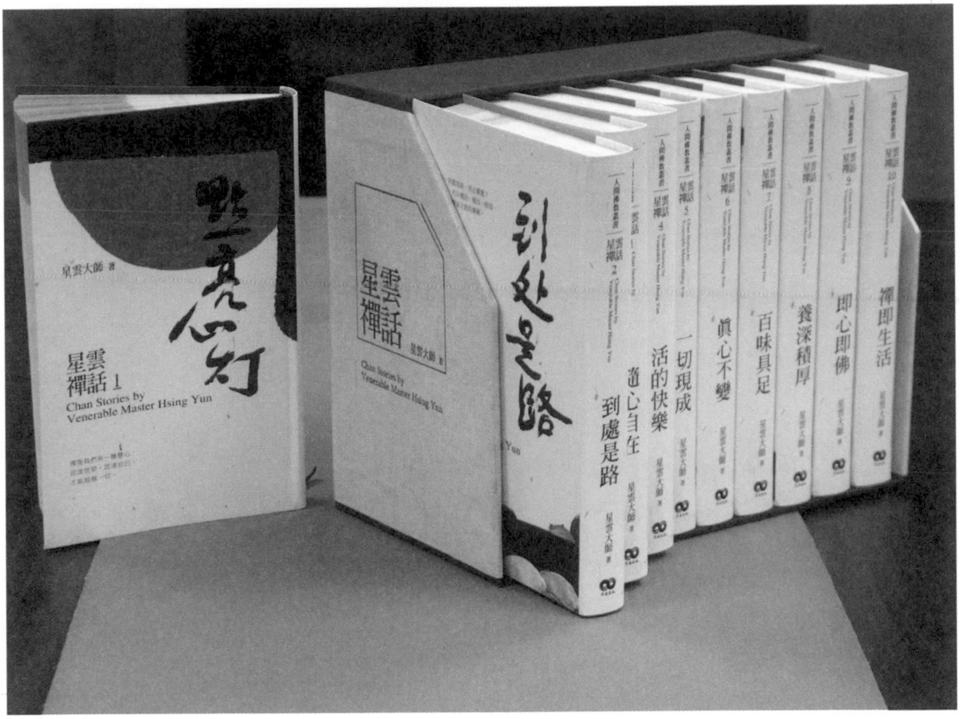

▲星雲大師著作《星雲禪話》全套十冊，為禪學入門，深究的好書。

前十天她日夜參究「不二法門」，已經是朝思暮想、念念不離心，早晨睡醒時睜開眼先問自己「何謂不二」，在家裡邊做家事邊想，也跟幫她做講義的女兒一起討論，遇到韻菊、麗芬，打招呼問候的是「何謂不二法門？」

有夠讚的「方案設計表」

讀書會帶領人認真用心到如此程度，想起《星雲禪話》中的一則公案。唐朝馬祖道一禪師參禪學道數十年後返鄉，嫂嫂對他非常敬重，請求傳授佛法，道一禪師傳授她一個聆聽懸掛著雞蛋的參禪妙法：「每天早晚靠著雞蛋旁邊專心聽，當聽到雞蛋裡有聲音和妳講話的時候，妳就會得道了。」嫂嫂對馬祖道一禪師的話深信不疑，日復一日，年復一年，從來沒有灰心懈怠過。有一天，當她正在聽時，掛雞蛋的繩子斷了，雞蛋掉在地上「啵！」一聲，破了！這一聲她大徹大悟。星雲大師藉此「雞蛋破了」公案說明「道，不是想要就有！」勉勵行者，要有肯定的信心，耐煩的毅力，鍥而不捨的精神堅持不懈的誠心，才能真有所得。

麗芬笑說，種籽讀書會能堅持十七年，除了大夥像家人般親切熟悉之外，還有一個強大吸引力，就是每回都可以拿到帶領人精心擬寫的方案設計表。連搬遷到新竹的成員，還會將北上辦事的日期設法排在星期四，把握機會出席讀書會。另外有一位年輕的花蓮人馬少文，在台北工作，因為常聽家裡親戚提起，說他母親每次從花蓮月光寺參加讀書會後回到家，都是滿心歡喜笑容滿面。少文是一個有大量閱讀習慣的人，他很好奇，為何媽媽那麼喜歡讀書會，就近到台北道場詢問，一天因緣際會接受引薦來到種籽讀書會，發現大家所談論的大都是他不了解的「學問」（佛法），興趣油然而生，也啟動了他七年多來豐富的閱讀旅程。擁有源源不絕創意點子的王建堂幾次還發起電影讀書會，揪團包場看電影，看完影片就在電影院進行四十分鐘帶領討論。

種籽讀書會中不乏擁有名校學歷的高材生，他們說最大的收穫是在生活中應用佛法，調和了有稜有角的個性，懂得廣結善緣的可貴。

溫婉的劉學慧老師，是生命勇士漸凍人陳宏的妻子，講話音聲像一泓清泉滋潤心田，她常常感謝讀書會帶給她溫暖友誼依靠，在種籽讀書會中結交了許多知心知己。學慧老師生病住院，種籽夥伴們常到醫院探望，往生滿七那天，她媳婦邀請大家到家裡進行讀書會，問我們介意嗎？我們種籽都是虔誠佛弟子又是學慧老師的知心好友，覺得這樣的紀念儀式特別有意義，於是製作影片，回顧學慧老師和種籽夥伴們室內戶外種種美好的閱讀畫面。

十六位種籽讀書會成員，其中六人已成為人間佛教宣講員，大夥都認為在讀書會這個學習團體中成長很多，培養了掌握思維脈動、重點摘述等講說能力。

教師讀書會

善心美意 以書相會

／滿穆法師

讀書會當中常常延伸閱讀，談到切身生活上的問題，在這個平台可以分享經驗，會談中反思的動能，內化的生命對話，就是我們的活水源頭。

台北教師讀書會成立於二〇〇四年，成員彼此的情誼，就像萬盞燈燭般的明亮溫馨。讀書不但拓展了眼界，還可增進情感的交流溫暖入心。

注入活泉有良方

「二〇〇四年因張淑鈴老師生病在家休養，禪淨共修祈福法會在林口體育館舉行，我們在獻燈時不約而同的虔誠祈願，祝禱張老師早日康復。萬朵燈光閃爍中觸動了靈感內心湧現，何不徵求張老師的同意，到她家去舉行讀書會。一來可邀約夥伴以書會友成立讀書會，二來可陪伴張老師養病中免去奔波之苦仍可精進閱讀。」陳愛貞老師娓娓道來擔任會長期間留下的印記。

兩年的伴讀，淑鈴的健康漸有起色，我們也大受鼓舞。這期間接引了新夥伴范鴻英老師加入，日後成為分會會長的優秀老師，正所謂「德不孤，必有鄰」。兩年後則移師回到台北道場進行讀書會，也安排到會員家中進行讀書會，增進與家人間的互動，了解佛光人的修養與公益慈善活動，獲得家屬的認同與讚歎。

教師們一生獻身杏壇數十年，常耳提面命叮囑學生重視閱讀，所以當初人間佛教讀書會發出通啟，舉辦讀書會帶領人培訓時，教師分會立即響應推派代表前往受訓。初期讀書會的時間訂在每週六，讀的第一本書是滿謙法師的著作《叢林所思》，讀完之後還寫了一封信與作者分享心得；第二本是《曠野的聲音》一位美國醫生在澳洲沙漠的心靈之旅。

種種因素讓讀書會出席的人愈來愈少，最後只剩下陳雪霞和范鴻英兩位。雪霞看大家顯得意興闌珊，於是提議乾脆停辦讀書會算了，但鴻英堅持表示，在他人生遇到瓶頸時加入讀書會受益很多，讀書會的善知識是我的貴人，不能終止啊！即使只剩下我們兩個人也要繼續辦下去。探究其原因，老師們在課堂上嚴肅慣了，進行讀書會時還是中規中矩的，少了活潑的氣息。

後來，王素昭老師加入行列，注入一股暖流，讓雪霞和鴻英相當振奮。素昭建議每週四上午舉行九十分鐘讀書會，會後由帶領人當齋主，到十樓滴水坊聚餐繼續會談。飲料餐點在前心情自然放鬆，更增添了聚餐聯誼的功能，邀約的同事、朋友 Say Yes 的也愈來愈多。

蓬勃生機展新貌

台北教師分會古苓光老師早在國防醫學院任教時，就常常在課堂上推薦閱讀星雲大師的著

▲台北教師讀書會推動閱讀以大師著作為文本，成員們深受啟發，印驗了
▼星雲大師說的「讀書能反觀自照、讀書能豐富生活」。

作，如《迷悟之間》、《人間萬事》等，大師的文筆流暢深入淺出，在生活上可實踐，深受同學喜愛。古老師二〇一四年退休後承擔副會長兼台北教師讀書會召集人，提出每週四上午十點至十二點，固定為三次讀書會、一次月例會，久而久之就很珍惜每週共聚的時光；並極力推薦大師及其徒眾的著作為閱讀材料，受到夥伴的認同，每一學期由大家推薦票選出的閱讀內容。從星雲大師《金剛經講話》、慧昭法師《金剛經的理論與修行法門》、慧開法師《生命是一種連續函數》、星雲大師《十種幸福之道——佛說妙慧童女經》等。會後仍於滴水坊用餐聯誼，每一學期安排一次戶外讀書會看山看水，得以抒解身心。如此一來，更多老師有意願承擔帶領人。

有一位夥伴分享多年前共讀了星雲大師的《金剛經講話》，又延伸閱讀慧昭法師著作《金剛經的理論與修行法門》，受益良多。平時非常喜歡讀《金剛經》，每當遇到境界，總會在心裡默念「一切有為法，如夢幻泡影，如露亦如電，應作如是觀」，但是參究「勝義諦」上總是不得力，無法深入堂奧。多位夥伴也有同感，尤其已熟背的《心經》經文「色不亦空，空不亦色」，還是難以掌握脈絡講述出來，更難的是舉例說明在待人接物間如何實踐般若精神。分解至此，眾人更加感佩星雲大師和慧昭法師，能夠透過事理、故事，深入淺出闡明勝義諦奧義，並且引導大家體會、活用，建立般若心經的生活觀。

二〇一七年苓光老師擔任會長兼讀書會總部講師，更不餘遺力積極推動閱讀。以大師最新著作為文本，《貧僧有話要說》、《人間佛教佛陀本懷》，至今正在閱讀的是《佛法真義》三冊套書。讀了《貧僧有話要說》、《人間佛教佛陀本懷》大家對大師襟懷寬闊坦蕩、平等無私的超然智慧，無比敬佩。成員都是教師，大師的聖言量暨身教讓大家深受啟發。更懂得「紙上得來終覺淺，絕知此事要躬行」的道理，所以在讀書會討論到實踐菩薩道的佛光會任務，大家也都熱心認領。讀書會當中常常延伸閱讀，談到切身生活上的問題，在這個平台可以分享經驗，會談中反思的動能，內化的生命對話，就是我們的活水源頭。與另一半的相處、教養兒女的種種難題，乃至退休生涯規劃，在這裡都可以得到經驗分享，集思廣益尋得化解之道。

創會會長李秀珍於二〇一七年退休後，新組成一個「經典讀書會」每週三上午運作；李美雲則於二〇一八年底結合喜歡郊遊踏青的同好，組成「山水讀書會」於二〇一九年元月啟動。

至此，台北教師讀書會又展現了蓬勃的生機。

山水讀書會

讀山 讀水 讀書 讀到心坎裡

／林少雯

讀書能讀到眉飛色舞歡天喜地，可見讀山讀水又能兼顧讀書讀心，是多麼美妙的事，這就是山水讀書會的特色。

賞玩山水的動態閱讀

台北道場有三個性質不同的讀書會，歷史最悠久的是教師讀書會，後來成立經典讀書會，三年前增加山水讀書會。雖然讀書讀到戶外去，但絕不只遊山玩水，而是不一樣的動態閱讀，難怪成員個個讀得眉開眼笑。

在貓空辦教師戶外讀書會時，范鴻英師姐說如果有一個可以帶大家遊山玩水的讀書會該有多好，於是選副會長李美雲當召集人。山水讀書會讓教師們更凝聚，不常回來的會員現在都紛紛出現了。

以前每期安排一次戶外讀書會，新春回山時再辦一次。多了山水讀書會後，每月一次在遊山玩水中學習，讓大家感到滿足。不同的路線和主題也讓佛法在生活中更加靈活運用。

美雲說二〇一九年舉辦五天四夜共識營，去花蓮、台東，然後回本山參加「神明聯誼會」，

▲台北教師山水讀書會，響應復蔬慢跑舉辦日月潭健行。

途中大家互相照顧，每天在火車和遊覽車上的讀書會，都有人認養一個主題。沒請導覽，大家先做功課，在車上分享當地的景點和特色，符合創立時分工合作共同創作的精神。

在近郊賞讀山水，一張悠遊卡即可趴趴走。路程較遠的召集人會先安排好車輛。走讀大龍峒、文獻館、博物館等，會請免費導覽來做解說，讓成員讀懂並認識這塊土地。中午用餐時大家分享所見所聞，在七嘴八舌中拼湊出當地的完整面貌。

到阿里山，淑媛老師帶了好多共讀的資料，大家走得很累了，但晚上七點半集合，全員到齊。動態閱讀以聞思修證四個層次進行，遊玩不忘讀書。

有一次去中正紀念堂，由在那當義工的馬老師負責導覽，並安排去餐廳用素齋。住瑞芳的江老師，帶大家去瑞芳和九份玩，當天不營

▲山水讀書會不同的路線和主題安排，成了受歡迎的動態閱讀方式。

業的素食餐廳還特別為他們開店。江老師開心介紹她的家鄉，還找學生家長來負責導覽。去迪化街，讓十生土長的成員透過導覽認識自己生長的地方。住新屋的老師規劃藻礁生態之旅，但因為疫情暫緩舉辦。退休的真理大學老師，在淡水之旅中擔任導覽。

目前山水讀書會的成員有六十九位，每次參加活動的約有三十位。美雲總是先去了解成員居住的地區和特色，選定地點後就請那位成員安排踩點。行程都已經排到明年了。山水讀書會的網站，由黃淑媛登錄，陳淑貞和莊秀鑾為活動做攝影紀錄。這些都是佛光人的直下承擔。

讀山讀水讀生活

出遊地點不同研習內容也不同，選讀文章與出遊地點必須相契合，都以星雲大師著作和人間佛教理念為主，從生活進入佛法，連接到社會脈動。中午時段共讀一篇，兩天的行程就安排晚上讀兩篇，有充裕時間深入探討。

淑媛說有一次去苗栗大明寺，見證道場對社會的貢獻，感覺與有榮焉。去惠中寺參訪新建工程，讓大家很震驚，那裡滴水坊的美味也很吸引人。

去圓山花博公園看玫瑰花展，主持人準備了與花連結的教材，探討花開花落等成住壞空以及生活和生命間的佛法，分享時非常踴躍。

那次題目是「佛教供花和插花藝術」。星雲大師著作中有《佛教與花的因緣》，另外《佛法真義》、《迷悟之間》有關天地人三學，在得失之間怎麼掌控人生及學佛因緣，很自然地被引進來來討論。

莊秀蘭回憶說，那次盡情探討一花一世界一葉一如來，寓意深遠。看完玫瑰花還去大安森林追繡球花。每個人收穫滿滿。

去佛光大學那次也令人難忘，吳秀鑾回憶二〇一九年蔬食系請來新加坡客座教授，李秀珍督導建議來一趟蔬食之旅，交一堂課學費。那次報名二十七人，每人費用五百元，不夠的秀珍督導全出了。美雲找到首都客運來回都開專車，當地的車子找的是跟佛大合作的客運，還有一趟路本來安排散步，不巧下雨，又請校車來接。中午在曼陀羅餐廳用午齋，法師安排了豐富的菜色。下午參觀佛大，黃昏在蔬食系上課，分五組 DIY 做兩道蔬食料理。晚上由老師跟學生群做了豐盛的自助餐讓大家享用。晚上住星雲館。第二天安排抄《心經》和分享，由香珠老師帶領。

第二天中午在滴水坊用午齋。這樣的活動讓不是會員的人也能認識佛光山。

拜訪春天和圖書館

四月去永和拜訪春天和國立圖書館總館。陳淑真說公園和圖書館有良好的生態和讀書環境，那天分享的是「學佛因緣」，正能量滿滿。更幸運的是圖書館四樓正展出劉宗銘作品。那天劉老師親自為大家導覽，還露了幾手戲劇才華，讓他們大飽眼福。淑貞邀請朋友參加，探討學佛因緣時，那位師姐想起年輕時候曾經跟隨大師以及去迎佛牙的日子，學佛的記憶湧現。山水讀書會的因緣把她接引回來了。

拜訪春天的活動，午齋安排在永和學舍滴水坊。那天當家跟店長特別將滴水坊布置成古色古香的讀書會場，桌上有花又有專人服務，用九宮格式的特別餐盒。讓人感動莫名！美雲說每個人只花兩百多元餐費，竟得到五星級的待遇！星雲大師常鼓勵大家說你要給給給，而得就在無形當中。

在山間水湄印證佛法

十月去烏來，接著淡水、福壽山、范氏古厝，藻礁改明年六月，大家引頸企盼中。

山水讀書會從戰戰兢兢怕被人誤會只在遊山玩水，結果成功地印證了山水與佛法的相生相應。走出道場走入山林水湄間學習和印證佛法，也接引更多教外的人進來。

山水讀書會，讀山讀水讀人生，讀到令人動容！

佛光會讀書會

「繽紛」三路／滿穆法師

普門寺的福田讀書會分三個組別三個帶領人，在每個月的不同日期進行讀書會，這個屬於「督導委員會的讀書會」，一個月至少有三次不同類型讀書會，再怎麼忙也必定能與讀書會相遇。

福田讀書會成立已經十八年了，最初是陳福連督導帶領大家讀《金剛經講話》、《阿彌陀經》、《佛光教科書》、《禪話禪畫》和《迷悟之間》。之前不像這幾年這麼密集，自從二〇一五年星雲大師的《貧僧有話要說》問世後，督導們決定要重振讀書會閱讀風氣，因考量到許多督導事務繁忙，無法固定參加一個月一次的讀書會，所以幾位核心督導周圍輝、林孝雄、莊燕雪、賴碧華、羅妙琴、張彬彬督導等研擬配合督委會特質及成員的興趣愛好，設計出兼具山水郊遊、深入經藏、捧書分享見解的「繽紛」三路，七年下來，頗具成效。

道情交融信仰交心

因為每個督導有空檔的時段都不一樣，最好的辦法就是多舉行幾次讀書會，督導們每個月

▲福田讀書會的「繽紛三路」模式，無形中增加與讀書會相遇的機緣。

至少能參加一次讀書會。所謂「繽紛」三路就是將福田讀書會一分為三，第一組由張彬彬督導帶領，每個月第三週進行讀書會，讀的書目有《星雲法語》、《星雲日記》、《人間萬事》，彬彬督導運用「聞思修證」四層次帶領討論法，參與者都說有深度。

第二組是由碧華督導帶領戶外讀書會，結合遊山玩水、參訪道場，每個月第二週，夥伴們愜意在青山綠水間展書共讀，大家都非常喜歡，可以說一舉三得。

第三組是妙琴督導帶領，一個月兩次，主要閱讀《人間佛教佛陀本懷》、《星雲大師全集簡介》。

一個月當中舉行四次讀書會、遇到雙月分則有五次。雙月分我們三組成員大集合，由不同組別的三位帶領人報告當月的讀書會運作內容並且進行「幸福百法論壇」，論壇時間大約四十分鐘，之後我們會針對論壇主題與聽眾互動，台上台上交流，融會「聞思修證討論法」來進行。

督委會四十幾個督導每個月可以參加至少一場讀書會，大家都表示佛學素養提升了，學會了聽話要全聽、善聽，增進了在生活中實踐佛法與人為善的修養。尤其普門寺的創建歷史已經四十幾年，老幹新枝學道有先後，在讀書會中分享學佛經歷，道情交融信仰交心，在佛法中結成了知己，大家都很珍惜這份善因好緣。

共沐書香充滿善美

讀書會頻繁舉行，許多須在家照顧年邁父母親的督導，都能利用空檔參加讀書會，他們在家裡一有機會就坐在書桌前預習文本，書中智慧與讀書會對話提供了源源不斷的正能量。讀書會真是好處多多，書香友伴們因為發言分享的機會多了，口才及敘事能力都進步了，自信心也增長了，更難得的是與人對話的精神態度都更具同理心。「我們也邀集了接受過讀書會總部培訓的督導、會長們，以滿義法師著作《星雲模式的人間佛教》為本，擬寫『方案設計』。最特別的是因為成立了普門讀書會，書香氣息孕育了『普門教師分會』的成立，沒想到共沐書香的同時，也培養了發掘了許多人才。每兩個月舉行一次的論壇，都是氣氛熱烈，充滿善與美，待因緣成熟，我們會移師到社區去進行，希望將『幸福百法』介紹給鄰里鄉親，鋪陳學佛之道。」福田讀書會如同種子，不斷散播生活書香化，要讓大眾看到讀書友伴那麼歡喜，心靈那麼豐富充實，與佛法愈接近愈快樂，完全是現身說法。非常感謝星雲大師創立讀書會。

「繽紛三路」的模式，創造了更多與讀書會相遇的機緣，大家凝聚了對人間佛教的共識，增加了投入佛光會務的熱情，還有一個意料之外的收穫，就是第二路的「山水讀書會」因為常尋幽訪勝，對許多景點有所了解，後來各分會計畫要舉辦旅遊活動時，都會先來請教「福田二路」讀書會。

因為不斷充實新知、開拓視野，培養了良好的對話精神與內涵，好幾位督導表示，在家中與子女孫兒相處更融洽了，莊燕雪督導溫馨提醒大家要多在家庭的LINE群組上分享參加佛光會、讀書會的活動照片與感言，讓家人了解，我們的成長是源自佛法的熏陶。

松鶴讀書會

活到老學到老

／林少雯

老來愛讀書，能讀出不一樣的人生。二〇一六年普門寺長者學苑設立長春讀書會造福一群六十五到九十三歲愛讀書的老菩薩。

人間大藏經

一堂課九十分鐘，根本不夠用，督導兼讀書會帶領人陳翠琴說。有推廣過校園讀報教育的經驗，她選擇《人間福報》當讀本，帶領長者讀報紙。

保和尚說《人間福報》是一部「人間《大藏經》」，各版屬性不同，國際、兩岸即時新聞、古今中外、醫藥、旅遊、宗教、文化、蔬食、心靈旅讀、百年筆陣、教育、運動、家庭、藝文、紙上博物館、好書花園、閱讀咖啡館、教育、少年天地、生活萬象、動物行星……應有盡有，讀也讀不完，不愁沒教材。

長者學佛虔誠，不同菩薩的生日、成道日報導，也是好教材，如觀世音菩薩的慈悲，哪一點跟你最相應？你行過這樣的菩薩道嗎？生活中你聞聲救苦過嗎？讀後得到什麼喜悅和啟示？

設計成接龍遊戲讓長者動腦，在格子裡填寫觀世音精神。長者有時會忽然忘了字怎麼寫，寫給他看後他們還會認真臨一遍，留住記憶。

翠琴的教案設計很活潑，一次根據臺灣地圖讓大家認識佛光山的道場分布。一位長者說原來我家鄉有禪淨中心，要叫親友有空去走走。長者坐在教室就能把臺灣走一圈。也介紹海外五大洲的道場讓長者神遊開闊視野。動腦也要動手，有一次讀蝴蝶，長者在紙上博物館版面上剪下各式各樣的蝴蝶，貼成房子、花……，要思考、要剪、要創作還要編輯和分享，是多重訓練加多元吸收。

藝文版有佛法、有故事，如縱橫古今版，可以深且廣的好好運用，有讀不完的題材。醫療版上大師談生死的理念，大家共讀後分享如何看待生死。讀有關疾病的新聞，翠琴問長者如果生病的是你，會是怎樣的心態？有人說我就不來讀書啦！有人說沒關係啊還是照常。一位看上去很陽光的長者說，幾十年來她每天都自己洗腎。沒人知道她洗腎，分享時她卻敞開心胸說出來。可見讀書會讓人沒有罣礙的在那個時空下願意分享，甚至講到欲罷不能。深藏內心的事說出來就沒事了。

有一次讀一篇沒有手的運動員，大家看看自己想想是你沒有手會怎麼樣？讀祖師大德的文章可以找四句偈來歡喜吟唱。牛年，馬來西亞道場繪有十牛圖，又請畫家畫了現代版十牛圖，古今對照。翠琴設計十堂課讓長者了解禪宗十牛圖的修行次第，可以運用在生活上，反躬自省。

溫暖又療癒的讀書會

長者學苑每週二、五整天有唱歌、跳舞、讀書會等各種課程，還有下午三點半到四點半陳淑華帶領的經典讀書會，前一堂是團康活動，長者累了該打瞌睡，但仍然熱烈響應毫無倦意，讓淑華好感動。有人說今天本來要請假，因為有妳的課我不請假了。長者就是這麼可愛可敬。

淑華以一種虛心共學的心態帶領，討論和分享回饋讓她學到更多。帶讀《星雲大師全集・佛說妙慧童女經——十種幸福之道》，都是生活中的佛法，讀經連結生活又不覺得在讀經，輕鬆有趣。

不管安排什麼課程長者都欣然接受，讀的、唱的、跳的、動手的，不論哪個老師帶都一樣熱誠、尊重和快樂學習。一位老菩薩前幾天往生，群組成員念了幾萬聲佛號回向，他兒子貼文分享媽媽生病做化療時，一直問道場何時開課？前陣子疫情稍緩有開課，兒子擔心母親白血球低會受感染沒讓她來上課，現在很後悔。老菩薩每天從濱江市場來回一小時慢慢走過來快樂學習，兒子很感恩。

長者各有所長，客家阿嬤善唱歌就請她高歌一曲。老菩薩的同修往生情緒低落，講到相關話題忍不住會哭，翠琴和大家就去抱抱她，因為她每次回家同修都會擁抱她，她需要這種溫暖。現在她走出來了，活得很健康。

讀書會很療癒，同學間感情好，可以分擔快樂和憂愁。大師要我們多讀書，三人一起就可以相互討論共讀共學，卡住的關很快就能解開。

大師說要給人一點因緣，覺瀚法師也給她因緣在讀書會上跟老菩薩結緣，彼此認識惺惺相惜。

讀書讓老幹長新枝

讀書讓人歡喜教材多元化很重要，如用人間音緣帶動唱，以共讀文章相關的禪語套進去唱。長者本身也出來帶動，輕鬆愉快開場後開始共讀，或先朗誦文章後再唱一唱、動一動和分享，靈活運用。翠琴曾經請普門寺啦啦隊長帶動態，她帶靜態，絕不冷場。

前幾天老菩薩往生，覺瀚法師和淑華去關懷普照。長者有問題時她們都會去關心。一位師姐在八關齋戒唱懺悔時，從早

▲老菩薩愛讀書，永遠都不覺老。

上哭到晚上，排隊回家還在哭。原來她的同修不久前往生，法會讓她想起以前種種，揪心過不去，大家都去安慰她，第二天有位師姐也一直陪著她。

普門寺有三十個讀書會，其中兩個是長者讀書會，目前由翠琴跟淑華各自帶領。翠琴說午後一刻在讀書，是很美的學習時段。讀報可以讀到新知，一切唯心，心識成長後將覺性拿出來用，她都這樣去引導長者。她參加過各類型讀書會在分享中學習，不需要親身去經歷，就能避免苦難。她說當帶領人是很快樂的事，一開始跟著劉秀勤老師去校園推廣讀報教育，後來跟著雲水書車到山區偏鄉小學說故事。感謝星雲大師和佛光山給她這個機會，可以當義工還可以讀書。星雲大師說做中學，學中做。人生真的學不完。

長者，如老幹，透過讀書會的學習和互動，在書香和佛法熏習下，永遠都不覺老，還長出欣欣向榮的嫩枝條。

經典讀書會

人生加油站

／滿穆法師

《佛光教科書》成了法寶快樂讀書會的時空座標，更可能是全球唯一讀完這套書的讀書會。

今日的法寶寺竹二分會快樂讀書會，是二十八年前陳彩屏無心插柳柳成蔭所造就的美麗風景，「法寶快樂讀書會」像棵大樹，提供大眾共乘清涼餘蔭。

歡歡喜喜 以快樂為名

二十八年前，陳彩屏邀集七、八位住家附近友人定期聚會，討論學佛好處，喝茶聯誼。一段時日後，將聚會地點改在道場，在道場看到法師，有了親近善知識的歸屬感，大家更喜歡讀書會。

三年後，一九九九年《佛光教科書》出版，彩屏看到第一冊《佛法僧三寶》，大喜過望，立刻將這套書訂為讀書會閱讀教材，因為他發現很多人還不完全了解「佛法僧三寶」及皈依三寶的意義。這套書共有十二冊內容縝密周延，需要耐心細讀，法寶快樂讀書會的閱讀進度是一年讀一冊。風格獨幟的進度，成了特殊「年號」，要回溯自己是哪一年加入快樂讀書會，只要回憶加入時讀的是第幾冊，就可以換算出來。《佛光教科書》成了讀書會的時空座標，更可能是全球唯一讀完這套書的讀書會。講到這個「全球獨家」特色，夥伴們面露欣喜表情說，感謝讀書會總部常在「全民閱讀博覽會」上，展示各類書籍並提供優惠，大家請購書籍更為方便。

全台成立歷史悠久的讀書會，有好幾個取名為「快樂」，是否擔心聽到「讀書」就興趣缺缺，特以「快樂」為號召，希望大家入此門來一笑逢？

彩屏喝口茶後，緩緩回答，哦！不是的，原本我們的讀書會沒有命名，後來人間佛教讀書會總部成立，要我們報上名字，以利組織編制，我們想大家既然那麼歡喜，就以快樂為名吧！

讀書會能持續二十八年不間斷，除了創始人陳彩屏協會長之外，眾人一致推崇黎維桂督導，他是元老級棟梁，孜孜矻矻經營讀書會，黎督導為何能二十年皆全勤，他說，讀書是好事，增長智慧、知識，除了自己受用之外，更願意與大家一起來讀書，透過這種方式將生活改善，也能喜悅起來；佛光人透過讀大師著作、佛法書，改變觀念，學佛才會有用。佛法拿來用，真的可以幫助到很多人，如果沒有正知見，會變成無頭蒼蠅，甚至陷入煩惱漩渦；若用正知見來轉念，大的事情變小，小事化無。因為共讀，共同成長自利利他，也不枉費人生光陰。

進入「Ok！Yes！」模式

黎維桂督導投入佛光會、讀書會，義無反顧，長年職場工作耗費心力，所以當初毅然接下佛

▲法寶寺快樂讀書會的閱讀進度是一年一冊，成了特殊的「年號」。

光會長任務時，黎太太十分反對。總是面帶笑容的黎太太說：我被他的精神感動，後來連我自己也成為佛光會幹部。正如維桂督導說的，確立正知見，然後才能轉念，事情才能獲得轉化。

法寶快樂讀書會陳孝芸老師就是一個典型的例子，孝芸應該算得上是最會聽故事的人，她聽「因緣法」、「風動？幡動？」等公案，以及「十牛圖頌」，就能立刻對應到現實生活中人事物，巧妙轉化人際關係，將家族之間緊繃的氛圍轉為和諧輕鬆。孝芸大學就讀中文系，治學有方，遇到佛教名相，便邀約先生用心地一字一字詳細查找註解，平日裡也帶動婆婆、夫婿念佛，學佛念佛後，親戚們都說，夫妻倆更加慈悲柔軟，面相變得更加柔和好看。凡是讀書會活動，孝芸一向都是樂意回覆「Ok！Yes！」，她說讀書會是人生的加油站，從中可以找到許多人生課題的解決之道，接受過總部的「帶領人培訓」之後，輪到擔任帶領人時，用心設計方案，更常以任重道遠策勵自我。

多年共讀夥伴曾春嬋說，在讀書會中看到許多人的改變，可能是讀書會中常常念讀好文佳句，進到讀書會的人，因此間接改善了口業，後來連性情都轉為溫和。

大夥對黎維桂督導永續經營讀書會的苦心讚佩不已，紛紛伸出大拇指，為他按讚。

經典讀書會

週五的快樂時光之旅

／滿穆法師

全神貫注、心無旁騖研讀經典，
每週最大的期待就是這兩個小時純粹的時光。

純粹時光的快樂

學電機工學，任教東勢高工、嘉洋工職多年的郭清揚，外婆、母親都是天主教徒，夥伴們很好奇，他怎麼會走進人間佛教讀書會在台中的快樂家族？

郭清揚說，每個宗教我都研究，最終發現佛教最好，因為佛教講的三世因果最合乎科學。十幾年前清揚同時參加三個不同道場開設的佛學課程，佛光山光明學苑的快樂讀書會是其中一個。年輕時曾到一個專弘《華嚴經》的寺院參學，經過一段不算短的學習歷程之後，他渴望研讀更多經典，於是從十二年前開始，全心投入這個快樂讀書會，究其原因，在此可以閱讀到更多經典、可以共同決定要讀哪一部佛經。

「讀書會是二〇〇一年三月二日覺全法師召集我們十幾個香積團義工成立的……」楊慧敏細說從頭，法師帶著我們閱讀《人間福報》星雲大師專欄「迷悟之間」，並示範讀書會的帶領方式，大家最受用的是懂得了「傾聽」別人發言的重要。那段期間，早上八點讀書會開始，十點結束後去大寮典座。隔年，人間佛教讀書會總部成立，全臺灣讀書會群增加很多，我們原班人馬興奮地取名為「快樂讀書會」，參加聯合開學典禮。之後繼續共讀《釋迦牟尼佛傳》、《六祖惠能大師傳》、《勸發菩提心文》、《法華經》。第一、二任班代是邱淑惠、蕭惠玲，第三任是邱慧群，清揚加人的時候，班代是慧群，她任期最長。惠娥讚歎說：「清揚居士送我們每人一本《佛學大辭典》，也影印佛教名相講義提供讀書會使用，還教我們練氣功鍛鍊身體；班代慧群親切隨和，人緣很好。我們讀書會具備天時地利人和。」

慧敏很喜歡可以全神貫注、心無旁騖研讀經典，每個星期最大的期待就是這兩個小時純粹的時光。

▲讀懂一顆心後的轉念，生活處處和諧自在。

公務人員退休的謝嬿玲八年前加入，她回憶初次參加快樂讀書會情景，一進門看到一群人微笑喜悅表情，第一印象非常好，融入之後，更發現這是一個「與世無爭」的佳境。大家的物質欲望都不高，重視的是精神層面，有時候在生活中遇到不如意事，大家會彼此加油打氣，尤其常引導我「轉念」，寬解我鬱悶心情。班代慧群親切笑容環視夥伴，圍坐成一圈的會友們各自專注於眼前的讀本，輪到自己導讀時，不但沒有壓力，而且還很期待。如果念錯了讀音，或解釋名相不夠深入，大家會主動補充說明，嬿玲以肯定的眼神表示，其實擔任導讀人所學到的更多。

韋惠娥師姐家裡開藥局，十八年前聽說光明學苑開設了「唯識學」的課程，趕來報名，得知唯識課程已結束，正失望轉頭離開，服務台的義工師姐叫住她，熱心推薦將在半小時後啟動的閱讀引擎「快樂讀書會」。在舒適光亮整潔的光大讀書，善知識會集、誠懇交流，真的很棒。有一位成員家裡發生紛爭，愁眉不展，擔心弟弟家庭破碎，大家熱心地以佛法因緣觀幫她尋求解決之道，最後迎來溫馨勵志的大團圓結局。

光明學苑成立光大社區大學之後，將快樂讀書會納入，繼續招生。十幾年來讀書會一直有新血輪加入，新成員都先安排輪讀朗讀，幫助他們進入情況。每年的全民閱讀博覽會，我們全體出動，一學期舉辦一次戶外教學。近年來加入的社大同學，會邀約夥伴們體驗獨特私房景點，凝聚向心力，激發「悅讀」樂趣。有一位成員家開設琉璃藝術造型坊，這許多晶瑩剔透的創意作品，令大家眼睛為之一亮；另一位成員則帶大家觀賞他家庭園裡的盆栽盆景，心靈角落增添了不少清新綠意。

讀懂一顆心的微笑

由於快樂讀書會是在上班日的週五上午進行，一些年輕的新同學轉換到朝九晚五的工作之後，就無法繼續參加讀書會。

早期成立的讀書會都不約而同取名為「快樂」，可能是擔心讀書會給人一種刻版嚴肅印象，所以微笑高舉「快樂」形象立牌，發揮樓上召樓下、厝邊召隔壁效應，順利籌組讀書會。

這十幾年共讀最大的收穫是什麼？大夥異口同聲回答：「更快樂了！」，因為「學會轉念，懂得放下的智慧，所以更快樂。」

轉念妙用無窮，尤其讀懂一顆心後的轉念，世界因此變和諧，創會帶領人淑惠回憶一路走來秉持「讀做一個人，讀明一點理、讀悟一些緣、讀懂一顆心」的願景目標，既汲取了書中智慧，也增進了與家人感情融洽。多年前她發心想去受菩薩戒，沒想到引起另一半的不快，但並沒有說出心裡不舒服的原因，只是冷淡以對，靈巧的淑惠告訴自己要懂讀先生的心，更要讀悟因緣，她將心比心，設想先生應該是擔心她受菩薩戒後全心茹素，無法兼顧家人三餐飲食的需求。所以淑惠誠懇向先生告白，因為覺得自己不夠好，希望學習效法菩薩精神，在待人處事上能更圓融；希望學菩薩慈悲柔軟，更周全關心照顧家人，所以想去受菩薩戒。這番話融化了先生的心，重展歡顏點頭贊同她受戒的願心。

每週五早晨，都能在光大社區大學聽見快樂讀書會友們爽朗愉快的歌聲、笑聲，快樂音符作為暖身，齊唱會歌。如果您還在門外，這飄逸外溢的旋律，必成歡迎組曲，鼓勵你敲門，加入「閱讀也能這麼快樂的時光之旅」。

經典讀書會

為生命課題找到解決之道／滿穆法師

清蓮讀書會已成立二十四年，當初是因為要深入閱讀星雲大師著作《金剛經講話》而成立讀書會，清蓮主要是研讀經典，歷年來讀過的經典數量非常可觀。

深入經藏

「籬菊數莖為上下，無心整理任他黃，後先不與時花競，自吐霜中一段香」，梁德華說二十年前，他遇到一件不如意的事，鍾肇明老師用毛筆寫了這幅詩詞送給他，提點他「很多事情你太在意，緊緊抓住不放，最後自己會受不了，如果能放開，你將會很自在。」這段話德華聽進去了，正潛神默記時，鍾老師提出邀請，邀他加入台南教師分會的「清蓮讀書會」。

梁德華初學佛，聽不懂讀書會所討論的經典讀本，因緣際會轉往都市佛學院就讀，之後再度回歸清蓮讀書會，勉強跟得上進度，但常有疑惑，甚至會在讀書會中直接跟鍾老師辯論起來。

鍾老師是高中教師，帶領清蓮讀書會已經二十四年了，他說從五十歲帶到現在二〇二二年，已經七十四歲了，一向很注重運動、養生，維持健康與體力，要帶領讀書會還要到監獄去布教，都需要體力。這麼認真的帶領人真是不可多得的人才。「我小時候住宜蘭，讀國小時，父親帶著我和哥哥到雷音寺參加皈依典禮，蒙星雲法師賜我法名『慈典』。」原來鍾老師也是慈字輩啊！入佛門已經一甲子，宿有佛緣，長時精進，令人讚佩。

清蓮讀書會已成立二十四年，當初是因為要深入閱讀星雲大師著作《金剛經講話》而成立讀書會，清蓮主要是研讀經典，歷年來讀過的經典數量非常可觀，《金剛經講話》、印光大師的《印光大師文鈔》、世親菩薩的《唯識三十頌》、《唯識二十頌》、《楞嚴經》、《維摩詰經》。每部經每句經文詳細研讀、加以白話解釋、最後分享討論，完全不趕進度，除了農曆年期間放寒假一個月之外，每週一次，時間軸拉得很長，長達二十四年，累積了非常巨大的閱讀量。

清蓮讀書友伴們像往常一樣圍坐，桌上放著講義，前方一面二百多公分的移動式白板，鍾老師板書再加強一些佛法概念。講義當中有一段典故頗吸引人繼續往下讀：「黑氏梵志拿了兩朵花到釋迦牟尼佛那裡去，在空中而立，佛陀知道他的來意，就說：『放捨！放捨！』黑氏梵志就把左手的花種在佛旁邊。佛又說『放捨！放捨！』黑氏梵志把右邊的花種在佛旁邊。佛又說『放捨！放捨！』他說：『世尊啊！我兩個手已經空了，還要放捨什麼？』佛回答道『我不是叫你放捨手裡的東西，我叫你放捨前際，放捨後際，放捨當中。』黑氏梵志大根機，當下開悟了。」

鍾老師說這是今天讀的講義，另一份講義是下星期用的，提前一週發下去，大家回家可以先預習。

清蓮讀書會一點都不刻板，沒有制式化，很靈活的，哪個人有任何佛法上的問題都可以提出來討論，乃至不是當天讀書會的範圍也沒關係；每週二晚上七點在台南講堂進行讀書會，隔壁班是禪茶班，茶行者泡好茶都會端過來請我們品茗，我們兩班在一起，融和了茶香、書香，其樂融融。

德華督導說，當初接觸佛教，聽到深入經藏才能智慧如海，就朝著深入經藏獲得智慧這方向走，希望學以致用，為生命中許多課題找到解決之道。在這裡可以聽到很多生活實例的環扣，能將經典上的義理與實際經驗的人、事，連結起來；我獲益良多，真的找到生命的答案，更重要的是我也看到了自己的習氣。例如眼前的這盤點心，老師會引導我們看到就看到，不要分別執著這好不好吃，這什麼口味，懂得要放掉這些習氣，才能讓心更清明更自在。

解行並重

黃麗枝老師與鍾老師在同一所高中教書，參加讀書會之後也跟著到監獄布教，菩薩道不能只是坐而言，更要起而行，解行並重最大的受用是更有耐心了，麗枝老師以前非常講究規矩，不喜歡嘻嘻哈哈，在讀書會中熏習佛法加上學校退休後去輔導高牆內的受刑人，她說這些都有助於增長同理心。最明顯的例子是，去年家裡在裝修，她竟能克服那些敲敲打打的噪音及工人之間的喧鬧，靜觀那個聰穎的工頭管理工班，調度有方、鬆緊有致的領導節奏。

清月也是跟著鍾老師到監獄布教，她說同學們很期待聆聽鍾老師的講說，因為聽得懂，也能接受老師對許多道理的剖析。

▲清蓮讀書會主要是研讀經典，後來成立的「仁愛讀書會」，以閱讀星雲大師的書籍為主。

在佛門帶讀書會跟到監所授課，氛圍完全不同，如何觀機逗教？鍾老師說凡事在做中學，教學相長，長時間磨練出來觀機逗教，佛法離不開八個字，哪八個字呢？「理事、性相、因果、體用」，離開的話就不是佛法了，理中有事，事中有理，他聽不懂理，你就講事，性相的話你要講相，相中來引導這個理，就能夠更明確一點，講生活中的事例，談自己的言行舉止，省察自己的錯誤的觀念、行為，進而尋求方法，幫助自己修正。「機緣不同，講法也不同，在監所，大部分都是根據受刑人的發問，我再引用生活中跟這些佛法相關的道理帶給他們，鼓勵大家再去深度思維。」

來自中華醫事科大的吳老師非常喜歡參加讀書會，他說教務繁重，晚上趕來參加讀書會常常打瞌睡，可是再怎麼累，還是儘量出席，他相信在這裡熏習久了，內在的智慧會增長。

讀書會對他教學上有很大啟發，在學校授課時，有時候會突然靈光乍現，講出新的思考方向，包括跟學生之間的互動也多了一份包容與關懷。

郭老師加入讀書會已經十年，因為曾經讀過《中論》、《唯識學》、《楞伽經》等經典，心胸眼界變的更寬廣，在讀書會中培養了讀經的基礎能力，日後聽到與這些經論的相關講述，就會有興趣繼續聽下去。

大家口中善根深厚的孫師兄，細心照顧中風的父親二十多年，是孝道楷模。特別的是孫師兄原本是位天主教徒，德華也說明自己原本也是天主教徒，這很特別，專讀佛經的讀書會竟然有兩位成員原本是天主教徒。德華形容自己是很鐵齒的，當初高中同窗依恩法師擔任台南講堂監寺，邀他有空到道場走走，德華人一來就跟依恩法師約法三章，基於同窗情誼我來拜訪你，但是關於宗教信仰，你我各走各的路；沒想到一次機緣聆聽了心定和尚講解因緣果報，德華體悟很深，轉而研究佛法，終於皈依佛門。

大夥好奇，那孫師兄又是怎麼進到佛門的？身材魁梧的孫師兄個性謙虛敦厚，他細說從頭，當初是去捐血，在捐血車上隨手拿起一份《人間福報》，看到星雲大師到台南講堂弘法，他想如果能親炙大師的風采那該多好，於是來到台南講堂參加星雲大師主持的皈依典禮，孫師兄說自己今年六十二歲了，印證了凡事都有前因後果，對佛法的因緣觀有所審思，回顧生命歷程，他說如果年輕時就能認識佛法，現在應該不是這個樣子。如果年輕時得遇佛法，現在是什麼樣子？他回答：「說不定早就出家了。」

歡喜學習

清蓮讀書會的多元精彩，還有一個因素，就是非「台南教師分會」的會員也可以參加。秀鳳曾經想加入又礙於自己不是教師的身分，她跟鍾老師說：「我學歷不高，可以參加嗎？」老師鼓勵她，重點不在學歷啦，而是看妳能吸收多少。因此秀鳳收起自卑感，在這讀書會中歡喜學習，有時候講到自己家裡不順心的事，心裡煩，老師常給我一句話「不要想那麼多啦！」這句話很有幫助，當煩惱又起時，就會想到老師的叮嚀「不要想那麼多啦！」。

成員裡面最資淺的是詹秀霞，她也不是台南教師分會，才來第三次，她發現經文文字很陌生，但是義理聽下來，發現這些都是我們佛光人已經做了或正在做的，秀霞是現任佛光會會長，對會務很了解，他說「我們已經在做了。」在實踐佛法這點上，佛光人也是「做了再說」。

清蓮讀書會完全是讀經，很少能夠閱讀星雲大師的著作，所以四年前台南教師分會成立了「仁愛讀書會」，以閱讀《星雲大師全集》的書籍為主。

住在台南喜歡讀經的朋友有福了，清蓮讀書會每週二晚上七點至九點，在台南講堂舉行，歡迎大家加入共讀行列。

佛光會讀書會

讀書會遇善知識

／滿穆法師

讀書會的分享討論，可以看到自己的盲點，換位思考觀照到不同的角度。

南四書友會的新春聯誼會是以讀書為主軸。桌上的讀本《十大弟子傳》是南四書友會自己影印的，讀書會二十幾年了，大家都年長許多，有老花眼了，為方便閱讀只好自行將讀本放大影印。二十年前星雲大師談到關於閱讀的願景，希望成立幾千個讀書會，南四書友會立即響應，開始閱讀《人間福報》「迷悟之間」專欄。

大家都是玩真的

南四書友會全年無休，新曆年不休息，農曆年間只休息一次。全員到齊有十七人，每次讀書會至少有十至十三人參與。大夥樂於帶茶點共享，大多在南台別院進行讀書會，曾經有位讀書友伴生病住院，住的是單人病房，那次的讀書會就改到醫院進行，她的先生很感動，後來也願意閱讀佛光山的出版品了。

經淑敏督導規劃、帶領，讀書會逐漸穩定下來，二十幾年來讀過不少星雲大師的著作。採用的方式是先一小段一小段輪讀，若覺得有必要討論的，有時會直接切入，有時會以「聞思修證」帶領討論，詳細探究。沒有進度問題，這次沒討論完，下週繼續，九十分鐘不夠用，有一次光是討論「三摩地」就用了九十分鐘。

錦瑞說有一次讀書會讀到十大弟子傳中「解空第一」的須菩提尊者，我們討論起如何將空性的智慧運用在生活中。羅金發接著下了一個註解與大眾互勉「理可頓超，事要漸修」。一位讀書友伴分享自身經驗，他希望自己解行並重，常常誦念《心經》的「色不亦空，空不亦色」，遇到事情都先放下情緒，先靜定下來，然後才能生出智慧處理事情，人生路上，他遭逢親人重大車禍及面對無理之人的指責、謾罵，都秉持著靜、定、慧的修練，最後都能圓滿解決問題。

麗珠入門的時間比較短，自覺佛學程度淺薄，讀到空性智慧的篇章，她倒是對書中的一段文字很有感：須菩提莊嚴地站著，用手在空中一畫，示意說：「當你的黑髮成為白色，當你見到枝頭的樹葉降落在地上，還有那花的種子入土、抽芽、成長、開花、結果，經過變化循環，又成為它原有的樣子，你記好，那就是『空』！」

曾有很長一段時間在朱惠琴的店裡進行讀書會，她的店面寬闊很適合。惠琴說，當初我有先觀察，發現這讀書會大家都是玩真的，不是閒散漫談式的，每個人的態度都很認真，而且言之有物，所以我才加入的。讀書會能堅持這麼久，每週進行一次，實在要感謝讚歎淑敏督導的發心與毅力。

南四書友會有一位只要在座，就能發揮激勵人心效果的人物，那就是風雨無阻好學的林秀

▲能靜能動的書友，聚在一起讀書交流也是一種美好的共修。

英，她弱視無法閱讀，在讀書會中全靠聽力，友伴們也都有共識，講話會比平常放大聲量，為的是讓秀英能聽得清楚。讀書會後要回顧重點，哪幾位分享了什麼典故，記得最清楚的就是全神貫注聆聽的秀英，她說：「我是用心聽每個人講話」，因為無法閱讀，秀英在家專修念佛法門，自從聽了優波離尊者的故事後不再自卑了，在這裡大家像家人，秀英說，感謝淑敏督導慈悲接送我，在佛光山舉辦的全民閱讀博覽會，我也沒缺席，因為大家的幫助，我才能獲得讀書會的全勤獎。

惠琴深覺讀書會也是一種共修，聚在一起不僅僅是讀書，經過討論分享後，每個人都有所成長進步，自己也很喜歡閱讀，自己讀跟共讀還是不一樣，讀書會的分享討論，可以看到自己的盲點，換位思考觀照到不同的角度。

感受他人省思自己

讀書會有很多善知識，而令麗珠最佩服的就是，解開千古難題婆媳關係的金末。麗珠本身也有婆媳問題，聽到金末的分享，對她佩服得五體投地；相較之下，慶幸自己遇到的都是小case，她反省自己是不是跟婆婆相處缺乏同理心，在讀書會中慢慢熏習，明白佛法要用在生活上，凡事當下能轉念才是最重要，麗珠懷著感恩的心情說：「讀書會幫助了我，懂得要將煩惱放下，放下並不是迴避不管，因為逐漸懂得放下煩惱，感覺智慧也有所增長了。」

金末曾經跪在婆婆房門口求婆婆消氣出來吃飯，這樣的忍耐力非常人所能行。李明垂督導是金末的先生，看著自己的母親常提出無理要求，讓妻子受到極大委屈，心中非常不忍，卻也不知該如何是好。到婆婆年老，生了重病，眼看病情非常嚴重，金末很著急，誠懇地告訴婆婆：「媽媽，現在能救您的，只有佛祖跟菩薩，請您靜下心來一心念佛。」李明垂說，很不可思議地，我母親竟聽進了媳婦的話，全然信受專心念佛，病情奇蹟似地慢慢好轉，有一天大家還聞到她老人家身上和口中都散發出香氣；從此，我母親簡直是一百八十度大轉變，變得非常疼愛這個媳婦。孝順溫婉的金末知道婆婆不識字無法讀經，所以教婆婆一心念佛。承蒙諸佛菩薩救了性命，因為念佛的定課，老人家延壽十二年，八十四歲時在平靜、沒有痛苦情況下，安詳往生。

南四書友會的歲末聯誼很特別，還掛起活動橫標，熱鬧聚餐之後，大家默契十足迅速清理桌面，然後翻開了書進行讀書會。這群能動能靜的書友夥伴，在鬧中取靜中用最別致的思維空間，為時序歲末憑添了幾許書香暖意。

教師讀書會

人人都是老師

／滿穆法師

這個教師分會成員從幼稚園老師到中小學教師、大學教授都有，組成了讀書會形成最大的特色，就是各自把在學校運用的教學法帶到讀書會當中施展。

平常總是在課堂上對學生耳提面命好好讀書的老師們，在繁重的教學課務後，還要批改許多作業、製作教具等，不利用時間好好休息，反而趕著參加週一晚間進行的讀書會，長年樂此不疲，原因何在？

團體共學有力量

星光讀書會成立二十年，裡面最年輕的邱瓊慧老師個性開朗、思考反應速度快，她說：「讀書會絕對是我最重要的行程，我非常重視團體共學的力量，當老師不是很忙嗎？為什麼七年來，對讀書會這麼精進，因為如果不是共讀，要我一個人這麼熱衷讀書，是不可能的；除非生病不得已，才會向讀書會請假。」

▲謙虛以對，尊重每個人，用「人人都是老師」的心情共讀共學。

老師們在讀書會中，如何面對「人人都是老師」的狀態，因為人間佛教讀書會倡導的讀書會模式，就是以「人人都是老師」的心情聆聽每個人不同的見解與經驗談。

十八年來風雨無阻參加讀書會的金華老師不疾不徐說道，每個帶領人都很認真備課，尤其吳欽杉教授跟郭明傳老師帶領時，帶動力十足，互相交流、分享體證，真的是收穫滿滿法喜充滿。怎麼說是法喜呢？因為人最不容易的就是反觀自心，察覺自身的習氣；我長久以來從事教職，習慣命令指揮，結果回到家，也常以命令式語氣跟先生講話，是讀書會引導我懂得回頭轉身、觀照心念起伏，還能進一步化為行動，謙虛柔聲跟先生致歉「對不起，剛才有點急了，情緒一來對境生迷了，請見諒。」我的身段、語言變柔軟了，包括對孩子也一樣，家庭氣氛因此常保和諧，久而久之，自然地把全家都度進佛門了，孩子後來成為人間社攝影記者。若有能力自我反省，不管是同儕之間還是對上對下，願意主動認錯，如此一來就不會有第二回合的對立。這些都是拜讀書會所賜，讀書會是學習和成長的最好平台，每次讀書會結束，我總是抱著書、帶著法喜回家。

瓊慧老師很有同感，順著話題談起自己學佛的心路歷程。從小到大，在待人處事的涵養養成，最感謝的就是佛陀，在佛教中，我可以學到學校教育體制裡學不到的東西，這些讓我永遠受用。而且從年長的督導身上，我學到了圓融的對話方式，讀書會共讀時，有些議題明明督導都是非常熟稔的，但是他們往往都是謙虛以對，尊重每個人，讓夥伴們自在發言，然後他們才又善巧的加以補充說明。從小到大的學校教育，老師可以教我一些專業，我也可以學習老師的用詞語彙，但善巧方便給人信心的對話模式，我是在佛門才見識到的。

輪流帶領更深入

曾擔任國立中山大學副校長、西來大學校長的吳欽杉教授以一貫認真的口氣說道：「我很喜歡閱讀，尤其是有一個範圍的特定性，我就有目標去做功課，除了了解閱讀材料中的內容、重點，翻閱《佛光大辭典》查詢文本中佛教名相的解釋，我還會去搜尋延伸閱讀資料；看看相關的問題，還有沒有其他不同的見解。我先做功課，這樣在讀書會中，就可以隨時看情況，或者分享想法、或者在夥伴發言過後給予補充。

我們讀《金剛經講話》時，剛好有國文老師加入，建議說分下去讓大家認領導讀、帶領讀書會。我們這個教師分會成員從幼稚園老師到中小學教師、大學教授都有，組成了讀書會形成最大的特色，就是各自把在學校運用的教學法帶到讀書會當中施展。

吳欽杉教授讚許輪流帶領可將師資優點擴大，因為老師們會針對自己分配到章節下功夫去備課，自然也需要去熟悉、了解前一個章節內容，如此一來，到了要討論的時候，閱讀現場至少有兩個人對大範圍內的內容是有相當概念的，其他人聽到他們的見解，馬上就 warm up。十幾年前讀《金剛經講話》，每個成員都表示收穫很大，因為輪流帶領，每個人都更認真去深入，成長很快；我也是，之前我自認看懂了經文，但是為了要帶領大家共讀，更慎重其事加倍用功鑽研推敲，才發現經文當中很多義理是我從來沒思考過的。

大約二十年前覺培法師到高雄來推廣讀書會，當時我們分會才一百二十個會員，竟然有三十幾個老師響應成立了讀書會，可以說比例相當高。剛開始，每週一次，讀得欲罷不能，常常超過一個半小時，我們輪讀，團圓圈坐在一起，讀完一段就進行討論，遇到名相時，討論得更細。金華老師雖然視力不佳，但從初加入到今天，幾乎沒缺席過，她認為每一次都非常精彩，多聽多熏習，受益很大。

靜默傾聽很受用

說到讀書會回回精彩，瓊慧老師有點靦腆，因為她是新生，四年前才加入，初來乍到，她跟著大夥讀佛經，感覺滿深的，沒全聽懂讀懂，回家告訴另一半說，在佛法上，我只是個小學生，明天卻輪到去帶領這麼多大學生研究生讀書，大家會不會覺得是在浪費時間？先生反問她「你教高中課程這些年，雖然對教材這麼熟悉，不是也在為不同學生授課當中，充分體會到『教學相長』的樂趣嗎？」先生給的建議是「先誦讀，誦有誦的功德。佛法有所謂勝義諦、世俗諦，妳慢慢學習，好比學數學，妳先從基礎數學開始，不要急著去研究微積分。」先生會打這樣的比方，是因為瓊慧學理科的，瓊慧說理科思維模式常讓她想到操作型的定義，例如：「如何建立一套不生氣的 SOP」、「放下貪瞋癡的 SOP」，從哪個點去觀察切入去操作。我從督導們的應對上，觀察到他們常委婉回應別人，更常以靜默方式傾聽別人發言，我恍然大悟，原來「不急著講話」、「傾聽」也可以是很棒的回應。有時候我以為他們沒有立刻回答別人的提問，是因為不知道答案，後來發現他們對很多問題都了然於心，之所以不立即回覆問題是希望提問者能再進一步深度思維。我一直以為答案要用嘴巴說，從他們身上我學到了不一樣的契機妙答。

我自己也很受用，有幾次我講述遇到的困難或不解的問題，他們只是專注傾聽，沒想到自己講著講著突然懂了，講著講著梳理清楚事情脈絡，往往靈光乍現想出解決之道。

大家異口同聲感謝吳教授，十幾年前妙璋法師建議我們讀書會閱讀《佛光教科書》，因為這套書的註解比正本還難，所以吳欽杉教授製作了很多講義，來解釋佛教名相。因為可以了解許多名相，所以參加讀書會的人很踴躍。

郭明傳督導尤其喜歡讀書會，在還沒有 LINE 的年代，佛光會長要周知活動訊息的最佳平台就是讀書會，每回讀書會結束前五分鐘，帶領人都會讓會長介紹近期活動，常常一發布訊息，讀書會友們熱烈認領義工工作，減輕了會長肩上許多重擔，到了月例會討論議案更順暢快速達成共識。

金華老師與秀絹督導微笑讚歎郭明傳督導是讀書會中的禪師，吳欽杉教授則是名相高手，許多名相他不但能解釋還能援引不同經典來相對應，我們讀書會沒有制定公約，因為大家都很有默契處得非常愉快。

瓊慧老師強調，學習一定要持續，主動的學習是預防失智最好的方法。讀書會像學制、社教課像營隊，營隊一期結束就解散了，但讀書會友伴共讀又聯絡感情，一群人志同道合，可以走的更久遠，尤其教師分會掌舵者方向正確，我們在這個園地很有安定感內心幸福喜悅。

佛光會讀書會

透早出門讀書

／滿穆法師

七十歲以上的老菩薩，兒女早已長大離家發展自己的生活，幸好有這個讀書會，幫助大家面對空巢期，減少寂寞失落感。

有一段時期，我們每週五早上六點到蓮池潭進行讀書會，「六點？這麼早？」這群春秋閣讀書會的婆婆媽媽們互看一眼邊說：「那時候我們還年輕，還在工作，帶著早餐到蓮池潭，邊吃邊進行讀書會，讀完了才趕去上班，那段日子很值得懷念……」，「是呀，我們的讀書會已經二十幾年了，為了保持讀書會不中斷，我們曾經這麼努力過。」

這一番描述，讓人感動，真的是活到老學到老。她們很快地轉換回憶場景，帶著重返榮耀的表情，又說：「十幾年前，佛學會考很熱門，讀書會是我們備考的最佳場域，苦讀題庫，很多人都取得好成績。」沒想到讀書會還是佛光山歷史最悠久、最靈活的移動式考生加油站。

打開心窗又是春

有二十幾年歷史的春秋閣讀書會，老幹新枝目前有十位成員，「我們的讀書會除了蓮池潭

▲讀書也是他們面對空巢期最佳的養分。

邊，還換過好幾個場地，畢竟已經二十幾年了。」帶領人林麗珠督導舉止儒雅，態度誠懇，緩緩地敘述「二十春秋史」：因為地緣之便，我們曾經在左營護安寺進行讀書會長達七年，因為林天生督導同時也是護安寺的理事長，很感謝護安寺提供寬敞舒適的場地；有一段時間是在我家讀書，我先生看到讀書會友們都這麼單純善良，談話的內容非常正面，所以很歡迎大家來家裡讀書，他常將環境打掃得乾淨整齊，迎接讀書會友的到來。後來換到這棟大樓社區的圖書室，是丁秀美推薦的，她就住樓上，大家到這裡來交通很方便，已經好幾年在這裡進行讀書會，我們遵守秩序，使用圖書室保持清潔，許多大樓住戶與警衛都知道我們這個讀書會。

　　左營一會的凝聚力一向很強，春秋閣讀書會功不可沒，大家在讀書會中互相扶持、激勵，會長參加的話，大家給他的掌聲最多，因為每位成員都了解會長的辛苦付出。二〇一八年新上任的王天資會長偕同太太一起參加讀書會，幾個月當中會長與會員在這個場域交流聯誼，會長賢伉儷說最大的學習所得是懂得將心窗打開。每一次讀書會我們都會邀請會長加入輪讀的行列，讀念之後，帶領人帶領討論，內容很充實。

每週五上午讀書會，一個月至少見面四次（讀書會四次，加上寶華寺法會活動，見面次數多於四次），大家就是法親眷屬，比跟兒女見面次數還更頻繁。七十歲以上的老菩薩，兒女早已長大離家發展自己的生活，幸好有這個讀書會，幫助大家面對空巢期，減少寂寞失落感。大家在這裡溫馨聚會用功讀書，讀《人間福報》、《十大弟子傳》、《法相》、《迷悟之間》、《般若心經的生活觀》、《人間佛教佛陀本懷》，書中內容開擴視野，啟發思考，在讀書會中與知己談心，可以無話不說，尤其遇到與家人意見不合，心情感到鬱悶時能說出來，有善知識們的勸勉、安慰、加油打氣，就轉念，打開心結。

結伴讀書直到老

回憶來時路，幾乎每個成員都曾在讀書會中訴說過自己的難處，或分享過解決問題的方法、經驗。成員異口同聲強調，沒學佛以前以為凡事忍耐就好，但是一味忍耐不是辦法，一定要找到疏通之道，尤其改變觀念，懂得放下、看開，更是關鍵，這個關鍵之鑰，往往在讀書會可以尋求得到。麗珠督導補充說明，讀書會潛移默化的功能非常顯著，可以說是另類的共修會，在建立正知見的信仰有很大幫助。

二十幾年前每次讀書會是一個半小時，後來成員陸續退休，比較有空了，就改成兩個小時。這群從中年結伴讀書直到老年，一起慢慢變老、以法親眷屬互稱的「老伴」，戴著老花眼鏡念讀文章；提著書袋彼此扶持穿越馬路等候公車的身影，讓人感動不已。

經典讀書會

一帖「相信閱讀」的良方

／滿穆法師

一群群無私奉獻的義工憑著一股「相信閱讀」的傻勁，披星戴月地從南到北，從家庭到學校，從公園到社區，從都市到鄉村，再從臺灣到世界。

人間佛教讀書會家族中有許多經典讀書會，汪民隆帶領出來的讀書會員，個個以能擔任義工為榮、以服務大眾為志向。

深入淺出

鳳山講堂無盡燈讀書會夥伴們口中稱道的「汪師兄」，很受愛戴，是經典讀書會中的經典人物，他最大的專長特色是能將星雲大師法語緊密與佛經義理相互呼應。

他一口氣背誦出《金剛經》經文「若菩薩有我相、人相、眾生相、受者相，即非菩薩。若菩薩通達無我法者，如來說名真是菩薩，若菩薩知一切法無我得成於忍，勝前菩薩所得功德。如來說有我者即非有我，而凡夫之人以為有我，凡夫者，如來說凡夫即非凡夫是名凡夫。」這麼深的經典，大師一點就通透，以上這段經文，在生活中如何實踐應用，大師指導我們要能「你

▲讀書會友伴相互扶持激勵，縮小自己、淡化慢心，互為人生的明燈。

大我小、你對我錯、你樂我苦、你進我退」，在大眾中「大眾第一，自己第二」，生活中把自己縮小在大眾中修行不要凸顯自己，以老二哲學淡化自己的慢心，將方便法運用在生活中，大師更開示佛光弟子「若人發心，平庸化為神奇；若人承擔，渺小變成偉大。」不只教我們要老二哲學，還要承擔、發心。還有「改變自己最大的力量，是懺悔。」

星雲大師法語他念茲在茲，引經據典對照法語，起承轉合論述清晰，強調大師智慧說法非常巧妙、實用，因為只有真正「深入」才能「淺出」。

汪師兄樂說無礙，任何一個話題他都能自在延伸閱讀，幫助大家悠然見「靈山」。十幾年來，大師的法已經在他心中生了根、成長茁壯，今日喜見枝繁葉茂，足以為讀書會撐起一片涼蔭。他爽朗自我介紹：「我是讀書會總部十八年前在南華學館培訓的第二梯次學員」，聽著這段鏗鏘有力的自我介紹，心中升起暖意，自人間佛教讀書會初創，覺培法師、妙寧法師帶著一群群無私奉獻的義工憑著一股「相信閱讀」的傻勁，披星戴月地從南到北，從家庭到學校，從公園到社區，從都市到鄉村，再從臺灣到世界。總部執行長覺培法師常這樣勉勵愛書人「就憑著對家師的承諾與弘法的熱情，讓讀書會從一個到十個、百個、千個，不知何時，播下的種子竟然如雨後春筍般成立，讀書會的生命力，也在每一個人物的分享中，被發現、被證明。」大師希望透過讀書會，提倡書香人間化展現推動全民閱讀的願心。

書香餘韻

無盡燈讀書會成員有十五人，每一次出席人數至少有十三人，讀書友伴圍坐，親切如家人，端起茶杯啜飲一口，不管杯中裝的是什麼，只要送下那帖「相信閱讀」的心藥方，唇齒間都留有甘美餘味。以讀經典為主軸，《楞嚴經》、《地藏經》、《阿彌陀經》、《大悲咒陀羅尼經》、《普門品》等，每個月兩次的讀書會，晚上七點三十分開始，有時候讀書會進行到大家油然生起對經典恭敬虔誠的心情，我們會合掌唱誦〈爐香讚〉、〈藥師讚〉。對哪一句經文有想多做補充或有不甚明瞭，隨時可以提出來。

二十年從來沒有過冷場或生起疲乏之感，因為這個讀書會致力於融會貫通於「人間佛教回歸佛陀本懷」，每個成員都了解佛法就是要應用在生活上。無盡燈讀書會的召集人是從事教職的翁秀英，無盡燈有這樣優秀的召集人、帶領人合作無間，彼此尊重讚歎，難怪可以維持二十年興盛不衰。

汪師兄讚歎劉英督導，當了五年會長，卸任之後，幾乎以講堂為家，日日來做義工，她親身力行「老二哲學」，謙卑謙和，尤其對待新進的義工，特別有耐心。她說：在道場做義工，我必定全力以赴，有一回腳受傷，我著急想趕快痊癒才能來做義工，治療過程中，我深刻感受到諸佛菩薩給我加持的力量。對新進義工，我總是先示範做幾次，新人有概念了，就可以照做，不完備的地方我再調整一下就好了。能進到佛門來，要感謝我先生，是他的往生佛事接引了我，以前我在家中發號施令，全家大小都要聽我指揮，先生往生後，我很自責沒能把握機會對他多關懷體貼一點。從中我體會到，人與人相處，要珍惜緣分。

五甲分會會長梁鈴娜，個性率真很有親和力，她回憶第一次參加讀書會的情景，「會怕呢！擔心叫我講話」沒想到這裡風氣很隨緣，每個人也隨和，讀書會也沒有進度壓力，給人輕鬆愉快的感覺。參加讀書會太棒了，我的脾氣改善許多，以前這麼大（鈴娜兩手掌比劃出長度），認真地說：現在變這麼小（兩手掌拉近），常常在講堂參加法會、讀書會，聽經聞法，再結合大師教我們的三好四給，慢慢熏陶，「修養有比較好了啦！」

迷悟漸開

屬於年輕一代的盧淑清，透著一股沉穩氣質，發言分享心路歷程：有學佛跟沒有學佛真的差別非常大。我家住附近，很喜歡參加共修法會，因為自己的心會安靜下來，很舒服。後來加入佛光會進而參與了讀書會，在這裡可以找到方法解決在佛法上生活上工作上面的疑惑，還可以抒解壓力。以前我遇到逆境問題時，會浮躁會有情緒，來這裡學習後，我懂得用心來轉境，如此練習，我不但心情變好了，事情大多也都出現轉機。例如跟某些人因緣不好的時候，我會反求諸己努力調整自己，會去懺悔，慚愧自己福報不足，結果往往是煩惱煙霧漸漸開朗，因緣不一樣了，朝正面轉化了。在讀書會中，還可以增益健康，因為召集人帶領人教大家怎麼禮佛，也練習一些瑜珈動作。我公公去世時，很多五甲分會的人來關心，我婆婆很感動，現在也精進念佛了。

周美珠有感而發，在社會上要認識志同道合的人不容易，但是在這裡，完全都是志趣理想相同的人，而且正能量很強，真的很難得。在公司有業績壓力，我以前要求業績一定要第一，學佛後得失心不會那麼重了。在家無法有讀書的動力，所以報名參加讀書會或道場佛學課，如此強迫自己一個月上幾堂關於經典的精進課。

陳輝燕說：孫女上小學第一天，帶到學校，她竟要求我每天跟她坐在教室陪讀，觀察了一段時間，發現她對學習不感興趣，不知如何是好，我姊姊想了一個辦法，邀我參加讀書會，姊姊說：要度別人之前要先度自己，我想想覺得很有道理。後來我告訴孫女，阿嬤這麼老都要讀書了，妳怎麼可以不讀書，妳看，阿嬤佛學會考都考九十幾分，妳還不用功讀書嗎？這樣身教言教並進，慢慢改變了孩子的觀念。輝燕敘述完這段祖孫讀書記趣，末了神來一筆強調「我也是經過四十幾個紅綠燈的車程才到這裡的。」

劉釔妙視力日漸減弱，周美珠常常為她誦經回向，與嘉嫻常開車接她參加讀書會，幾年下來，大家都發現釔妙的面相變得更柔美了，對人生也更充滿信心了。

讀書會友伴就像一個大家庭，大家互相扶持彼此激勵。簡嘉嫻讚歎汪師兄講佛法，比較聽得懂，像是講故事一樣，很受歡迎，她邀先生一起參加，夫妻之間有了共通話題，擁有共同讀物，談話也更有內涵、深度。

帶領人汪師兄說，若菩薩能發大悲心利益一切眾生，是最能利益自己的。學佛是一條漫長的路，大家要具備三基本要素，第一「身體要健康」、第二「家庭和樂」、第三「經濟無憂」。多位會友提出精確數據，證明有多喜歡無盡燈讀書會。有的從家裡來到鳳山講堂，需要經過四十二或四十四個紅綠燈，可見路程不近，大約需要四十至五十分鐘時間。這條看似平凡的上學之路，卻因堅持了十六年，而顯得非凡，讀書會儼然成為最值得期待的人生所得。

嬤孫讀書會

含飴弄孫樂趣無窮／林少雯

星雲大師說：「書中有明鏡、書中有前途、書中有世界、書中有方法、書中有自己」，讀書這麼好，每個人從小就要養成讀書的好習慣。

佛光人的第三代

佛光人在讀書會學到如何帶領閱讀，含飴弄孫當然更有方法了。

朱美玲督導有念小學二年級和幼兒園的孫女，陪讀是日常。她每天要孫女選一本書給阿嬤講故事。讓小孩喜歡書，每天都摸書，是她和媳婦達成的共識。

孫女大些會問為什麼樹上的葉子會掉下來？美玲就講季節和樹的生態。不論是書上和生活上都能隨機教育並讀出樂趣，讓孫女認識自然界，尊重動植物，加強護生觀念，把「做好事、說好話、存好心」的三好觀念加進來，培養孩子的慈悲心和同理心，輕鬆自在的啟蒙孫女，讓他們愛讀書。

美玲講過一部繪本《我的小小EQ週記》，談小朋友週一到週六的生活。有一天西蒙娜早上賴床，愛吃的食物被吃完了，她生氣的到學校，同學不理她，她又生氣了，氣得漲紅著臉罵同學是臭襪子。美玲問孫女：西蒙娜的臉為什麼是紅紅的？因為她生氣了。那妳覺得她生氣可以罵同學嗎？不可以！對呀，當我們生氣時，可以深呼吸，數一二三，讓情緒冷靜，轉變成笑臉。

朱玥督導是兩個孫子的阿嬤。她營造孩子隨時可以看書的環境。上幼兒園後，學校要孩子每天挑一本繪本回家，讀給家長聽。孫子喜歡看圖講故事，就讓他盡情揮想像力，以自己的思考角度去解讀圖片。

有一次讀繪本，主角刺蝟平時跟朋友相安無事，但張開刺時朋友就躲開了。一天下雨了兩隻動物共撐一把傘，但沒人要跟他一起撐，他很傷心。小兔子說你可以跟我一起撐。朱玥問為什麼別人不願意跟刺蝟共用一把傘？孫子說因為他會刺到人。那為什麼兔子願意呢？因為看到刺蝟很傷心。刺蝟的遭遇讓孫子生起同理心和慈悲心，兔子也會怕但仍願意跟刺蝟一起撐傘，不讓朋友淋到雨。小朋友讀過故事以後能去幫助別人，就是證。朱玥不再直觀性的將大人的想法灌輸給孩子，而是用引導的方式讓他去思考。

佛光小菩薩學堂

朱美玲和朱玥的第三代都在「佛光小菩薩學堂」熏習過。這個特殊的學堂是孩子們的快樂天堂。

朱玥和劉秀勤講師的孫子一歲半時，兩位談起孩子的腦袋像海綿一樣，教什麼馬上吸收，還問東問西，求知欲很強，一定要好好把握這段時間，讓孩子認識人間佛教並親近道場。兩位阿嬤開始帶著孫子在道場相聚，美玲也來了，後來增加到五、六位阿嬤帶孫在台北道場集會。先到大殿禮佛，教導各種禮儀，看到法師說吉祥，看到義工姨婆說阿彌陀佛。法師看到小朋友很開心，訂一個時段，把會議室開放給他們使用。

於是，佛光會首創的「佛光小菩薩學堂」開學了。這裡不是托兒所，是親子共讀的學堂，家長一定要在。先去禮佛、認識菩薩，跟法師互動後到八樓會議室上課。課程豐富多樣，有看繪本說故事、歌曲教唱、手工才藝、為菩薩畫像著色、貼亮片、用廣告紙撕碎黏圖形、組圖案。還編了佛光小學堂課本，有歌曲、詩句……。後來全臺的佛光山道場都設置了佛光小學堂，兩個阿嬤聊天時的發想，為佛光人第三代開創了歡喜的學習環境。

許多阿嬤會員將孫子帶來道場免費教課。人多了，開兩班，人更多，開兩個時段。師資更是不得了的優秀和專業，有退休幼兒園園長擅用各種道具教小朋友生活禮節，訓練手部肌肉的運用、有稚齡童軍團團長教人間音緣歌曲、有高中國文老師教古詩詞、有當爺爺的工程師，設計很多東西透過玩遊戲來介紹科普知識，讓孩子實際操作認識原理、有手語老師教唱手語歌，有專業兒童舞蹈團團長教孩子跳舞、有退休美術老師教摺紙，讓小朋友大開眼界，每天都玩得很開心。

有一門特別的課程是小菩薩過堂。台北道場十二樓每天固定供應臘八粥，小朋友很喜歡吃。大家安靜坐好，義工阿姨端上粥，用粥前法師帶領祈請念佛光四句偈「慈悲喜捨遍法界，惜福

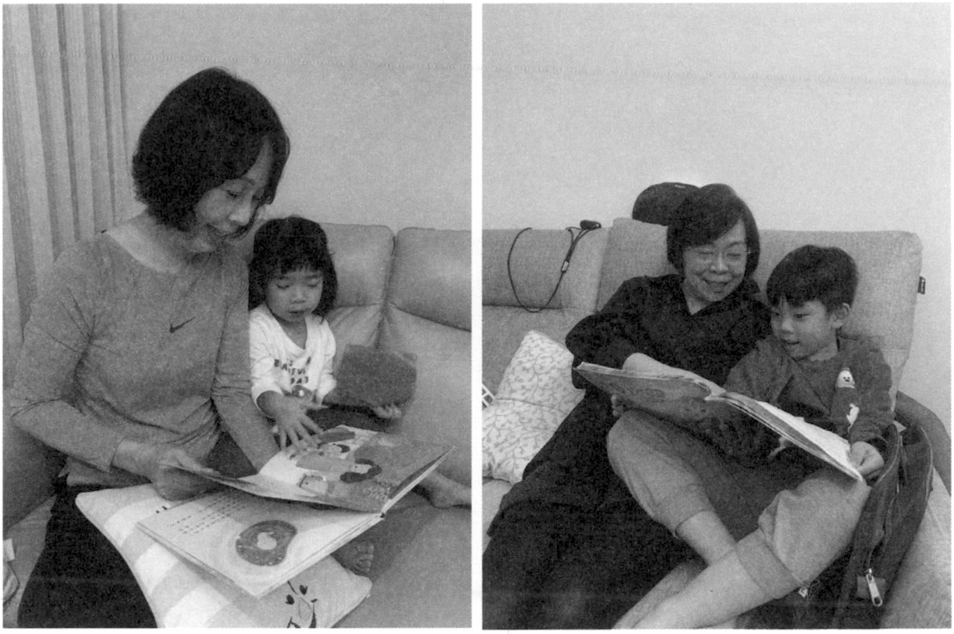

▲說故事的過程享受孃孫親近的溫馨快樂。

結緣利人天，禪淨戒行平等忍，慚愧感恩大願心。」結束後帶領念師公寫給小朋友的祈願文。過堂讓孩子領略叢林生活中的佛門用齋規矩。

放學回家前排好隊，法師會準備貼紙、餅乾等小禮物跟小朋友結緣。小朋友跟法師父說今天學了什麼，唱了什麼，唱一句給法師聽，或告訴師父今天聽到的故事中最喜歡哪個主角，複習今天所學加深記憶。

課程每次都不同，吸引了不是會員的年輕媽媽帶孩子來參加。在教佛門禮儀和規矩時，同時也教了父母。有的孩子上幼兒園後，年輕的媽媽加入佛光會，成為道場的義工。為嬤孫設計的小學堂，也有了年輕父母帶孩子來共讀。

台北道場佛光緣美術館，每月換展，適合小朋友觀賞就排入課程，請導覽義工奶奶用小朋友聽得懂的語言來解說。也跟美術館合作給小朋友畫燈籠並簽上名字，畫好送到佛陀紀念館，春節時張掛起來，課程延伸到春節回佛館，在燈海中尋找自己畫的那個燈籠。可以想像找到自己名字的燈籠會有多驚喜。也設計嬤孫戶外活動，如去士林官邸，入園後玩大地遊戲，要蓋通關章，嬤孫都玩得很開心。

千手千眼的觀音媽媽

美玲說孫女在佛光小學堂讀過繪本《缺嘴的小雞》，學到怎樣存好心和慈悲愛護動物。大師提倡護生和尊重別人，在這裡都學到了。孫女參加佛學會考更有趣。初級考圖像，如幫人搥背、扶人起來，是存好心、做好事。也有使用學習軟體的闖關，答對了有噹聲響起，累計的分數會一直往上加，再給一個可愛的動物圖像鼓勵。類似賓果遊戲，挑戰自己。這種考試太好玩了，孫女說阿嬤我明年還要參加佛學會考。透過這樣的學習，孩子們讀到佛學基本知識和佛門用語，除了熏習也培養閱讀興趣。

在道場拜觀世音菩薩時，法師會說觀音媽媽千手千眼，家裡也有觀音媽媽，就是自己的媽媽和阿嬤，隨時都在照顧你，像菩薩一樣慈悲，讓小朋友心存感恩，這是隨機的親子教育。常住很慈悲，讓孩子覺得道場是可以親近的地方。法師說小孫子可以到大殿學爬、學走路，開心跑。年輕的爸媽覺得法師無比親切，道場明亮開放，自然願意親近。

孩子上幼兒園就從佛光小學堂畢業了，但可以無縫接軌的加入佛光稚齡童軍團，上小學後可加入善童學園，都是由家長陪同參加的。

假日美玲全家一起用餐時，小孫女飯碗裡有幾粒飯沒吃完，姊姊會說我吃得很乾淨喔，我們要惜福結緣利人天喔，妹妹馬上把飯粒吃光。孫女說今天有同學生氣用腳踢人，美玲問被踢到會怎樣？會很痛啊！會很生氣啊！踢人對嗎？不對啊！那應該怎麼做？要深呼吸數到三啊！這也是熏習後很自然的教育成果。

佛光小學堂讓佛光人的第三代有親近道場的機會，創造了學佛因緣，提供安全的環境讓幼童學習適應團體生活。孩子長大後，永遠會記得這裡，是他第一個快樂學習的地方。

班級讀書會

花開四季 耕耘心田

／林少雯

服務奉獻不求回報的佛光人，帶動了讀書風氣，讓孩子歡喜的讀到欲罷不能，長大後閱讀仍然是心日夜思念的鄉愁。

盛況空前的班級晨光讀書會

從事教育三十七年，當國小級任，教國語，最懂得如何讀書的莊月香老師，另外又花很多時間投入校園班級讀書會，堅持十九年不退轉，還愈做愈起勁。這因緣要從西元二〇〇〇年話從頭。

那時月香老師還在屏東仁愛國小任教，教育部推動兒童閱讀運動，觸動了她心中愛閱讀的那根弦。小學六年級就讀完大字足本紅樓夢和許多世界名著等大人閱讀的書，她深刻體會閱讀的滋味和樂趣。她覺得課外讀物很重要，於是配合閱讀運動設計了閱讀護照，從她帶的班級開始鼓勵孩子讀書。

二〇〇一年星雲大師推動「寺院本土化、佛法生活化、僧信平等化、生活書香化」等四弘化，身為皈依弟子她能做的就是響應生活書香化。於是把她班上的閱讀活動推廣到學業比較輕

▲仁愛兒童讀書會的書香爸爸、媽媽及校長、家長會長。

鬆，認字也夠多的四年級。起初利用午睡時間在圖書館辦讀書會，要參加的自由報名，同事也很高興的響應。小朋友可以選擇你要午睡還是參加讀書會。小朋友不愛睡午覺，一開始有五十幾個參加，後來增加到七十、八十，一直到二百多位，圖書館容不下了。怎麼辦？她心想一個人力量有限，如果能培訓一群人到各班去帶讀書會，效果會比大堂課更好。有這個心月香起而行，用從讀書會總部學來的技巧，培訓了三十幾位老師，有退休老師、佛光會員、社區人士和學生家長四種人。她跟家長說你送孩子來上學後，週二留下來帶四十分鐘晨光讀書會。各班級任老師那段時間去開晨會，可以放心把學生交給講師帶讀書。

佛光山二〇〇二年元旦成立人間佛教讀書會總部，覺培法師擔任總執行長，辦了好幾梯次帶領人培訓，月香很有心，只要是覺培法師和方隆彰老師授課，每一場都參加，不論在台北、宜蘭、三峽金光明寺……，再遠都不錯過任何一場。愛讀書又教了三十七年國語，學會帶領人技巧後，她形容自己慧眼初開，功力大進。她像海綿一樣吸收後，回屏東培訓了三十幾位帶領人。

有講師了，開始帶仁愛國小四年級十個班共三百五十七位學童讀品德和生命教育的書，老師和家長都很重視，結果三、五和六年級說我們也要。學校還出了五萬元買書充實圖書館，每套書三十本，讓每個班讀書會時孩子手上都能有一本。

不到兩年時間，三至六年級三十九個班級，共一千四百零六人參加了早上七點五十到八點半的晨光兒童讀書會。真是盛況空前！

獨行俠現學現賣再創高峰

月香是佛光人，選書當從佛光山文教基金會的兒童和生命教育教材為首要，如《佛光兒童菜根譚故事集》，也導讀過《護生畫集》。這些書讀一兩年就被他們讀完了，學校圖書館的優良兒童讀物、繪本等也是當然教材。有一套「與各行各業大師相遇」的繪本很適合高年級閱讀，而三、四年級以品德教育生命教育為優先選擇。書都會經過學校評鑑小組審閱通過才採用。

二〇〇四年為了要當佛光山義工，月香五十五歲就退休。那年十月她創立國際佛光會屏東教師分會。她覺得一個人孤軍奮戰，精神能力體力有限，一定要有一群人來做才更有影響力。果然分會成立後人才輩出，有在職和退休老師加入。在職老師立刻就能開始帶領學生。

▲沈如華老師帶領孩童進行「繞著地球跑」。
▼莊月香老師至啟仁班帶領讀書會。

帶讀書會的講師，若是退休老師月香就請他加入屏東教師分會，其他的則加入一般分會，因此接引了不少人學佛，並培訓出優秀的幹部。有了道心更能堅持當義工，服務奉獻是他們的基本精神，不接受學校任何回饋，只收取一紙感謝狀。

月香早期協助成立屏東講堂各分會讀書會，也培訓會內教師去帶讀書會。她想帶更多人一起去接受總部培訓，但跟去的人不多，她一人如獨行俠般拉著行李從南到北，從北到南的學習。俠女受訓回來就現學現賣教會其他人。不是學到一百分才去帶領，而是要在過程中不斷學習和修正，將文章的重點精神、核心價值以「聞思修正四層次」的技巧帶領出來。她說同樣的文章，每人各有見解，要不斷修正和適應，讓學員快樂學習不退轉。

月香退休後把仁愛國小兒童讀書會的成功模式複製到民和、勝利、唐榮、忠孝、建國、屏教大實小各校，全盛時期導讀了七所學校共一百一十四個班級，帶領兒童三千三百四十八名，共培訓了八十位老師。月香說：「我可以把什麼都不懂的孩子教會，就一定可以把你教會。」被她感動的人加入了講師行列。班級讀書會至今已有十九年歷史，因新冠疫情暫時喊卡。

讓閱讀成為鄉愁

卸任會長接著承擔屏東講堂督導長時，剛好雲水書坊行動圖書館開始營運。月香從無到有的規劃，路線、培訓義工、整理書籍、換新書、編目、導讀。再跟學校、市府、公所、機關、社區、偏遠學校、教育大學聯繫，定點讓書車停靠，上山下鄉忙個不停。導讀老師改名書香爸爸書香媽媽，跟著書車出去講故事，也帶讀《人間福報》。兩部書車每週出動帶動了偏鄉的讀書風氣。

月香腳踏實地的做，不是華麗熱鬧精彩放煙花似的。她還自掏腰包買書給老師去帶讀書會。閱讀是一輩子的事，給孩子種下閱讀的種子，一輩子就會愛讀書。就像小時候喜歡吃什麼，長大後媽媽的味道就是口味的鄉愁。閱讀可以開發想像力和創造力。「聞思修證」的討論、互動和分享，啟發多元思考，集思廣義更加樂趣無窮，獨樂樂不如眾樂樂，讓不愛讀書的人也一起來讀書。

青年讀書會

成長茁壯中的菩提種子／林少雯

星雲大師說現代的青年應具有責任感、感恩心、結緣觀、慈悲念，並強調能感恩者才是最富貴的人。可見大師對青年有很高的期許。

創意十足的讀書會

如何讓自己更精進，當然是讀書，讀書會聚集了志同道合的青年人，這就是希望。佛光青年既年輕有為又有理想，不論在校就讀或服務社會，都堅守崗位並在佛法熏習中自在優游。

小琪、思維、冠宇、Apple、函蓉、家儀、雩瑩歡喜地分享他們在讀書會的法喜。年輕人活潑有勁、腦筋動得快，點子多，讀書會上討論和分享也熱烈。他們共讀、共學、共享的方式也多樣，在輪流帶領中，週週都驚奇。

小琪說讀書會和佛法讓人生豐富。二〇一八年成立的北區青年團讀書會，隨帶領人的創意設計進行，有桌遊、音樂、美食、旅遊、畫畫、電影，應有盡有，讓人一次都不想缺席。有人不怕路遠從基隆、宜蘭跨區來參加，因為真的吸引人。

讀到心開意解

讀書會草創時期只有三、四個人，現在人多了。雩瑩說大家讀得歡喜，也玩得愉快，臉上滿滿笑容充滿正能量。草創期她和小琪、Apple都參與，還有點點現在去念佛學院了。他們從《佛法真義》入手，接著讀大師文章和書籍。

家儀說讀完文章後分組搶答，成功的可以甩骰子，像玩大富翁或PK賽，反應很熱絡。光是讀文章怕無聊，因此邀請佛光爸媽一起帶領和分享，有些角度佛光爸媽才有辦法帶出來讓大家了解。讀書會最大特色就是結合佛光會學習更多佛法。Apple說在讀書會上分享過美食，也是難忘的經驗。

因疫情改線上後有四星期的電影讀書會，帶領人有三位，讀新版《小婦人》和《來自星星的傻瓜》。《小婦人》主題之一愛情和感情如何跟佛法融合是青年關心的議題。其他如布施、結緣、情緒管理也跟生活有關。《來自星星的傻瓜》有關信仰，法師也來指導探討，討論熱烈收穫滿滿。他們還透過電影結合戲劇，讓青年當場表演，更能感同身受。

讀書會給人很多因緣，冠宇說人間佛教理念透過讀書會傳達，文章和分享都是學習，讓他運用在生活中解決問題和渡過難關。改為主題式後更吸引青年來學佛法。他帶領時曾以「六齋日」為教材，自己得先深入了解，讓他更精進。在旅遊讀書會上妞妞分享去印度的經歷，介紹佛教聖地及旅途小趣事，讓青年認知原來印度不是我們想像的那樣。

讀書會讓函蓉感覺很充實，生活上不順遂全忘了。實體讀書會開始前五至十分鐘先小破冰

▲帶領人讓青年從大師著作當中編寫歌詞，將《人間音緣》帶入讀書會，不僅能推廣大師以音聲弘法的理念，也讓青年體驗創作的趣味。

▲讀書會在疫情緩解後恢復實體舉辦，考量住在遠處的青年對佛法渴望學習，為了不讓他們舟車勞頓，仍然持續開放線上參與。超越距離的限制，一起互動討論，共同精進。

◀北區青年讀書會的成立，源起於執行長有度法師為了讓團社長有個善的環境交流團務，並閱讀大師著作，建立正確常住觀和佛學基礎，從剛開始的三、四人發起，至今愈來愈多青年加入參與，成為一個善知識共學圈。

◀讀書會的消文方式也能用很有趣的方式帶入佛法。帶領人為了讓青年能在短時間內記住文章每段的重點，透過搶答方式的遊戲設計，加深青年對文章的印象。

▶青年共同思考並互相分享信仰對自己的價值為何？能夠安定身心、與善知識共學、自利利他、充滿歡喜、生命的方向等，是青年們心中共同的答案。

融和一下。線上部分會邀請中區、南區青年跨區參加。電影受歡迎的原因是容易同攝到自己生活圈，如《小婦人》，青年感情問題多，旁觀劇中人和劇情進展，討論時又在別人經驗中了解原來這種方式和態度能解決問題。《來自星星的傻瓜》談信仰，藉由影片省思這個宗教可否幫助自己成長，並透過分享讓更多人受益。

讀書會幕後工作也是一種學習。雩瑩說帶領人為一場讀書會要準備很久，將文章濃縮成精華讓大家讀，聽的人好幸福，帶領人收穫更多。不同的分享讓青年深刻體悟。如家人往生能否以慈悲心、同理心渡過。有時一句話可以讓人心開意解，憂愁煩惱化為烏有。讀書會是給人力量的地方。雩瑩說生產坐月子她也不錯過，還領悟到分享就是法布施。有佛光爸媽和法師來更棒，青年的佛法見解常以管窺天，法師擴張小管子讓他們看到多一點。

參加過很多讀書會的思維說，想分享是他的目的，被分配帶領時既雀躍又緊張，他挑選的第一篇文章是「給人一些因緣」。他給人因緣的方式是請每個人在卡片上寫祝福的話當禮物。他帶過三、四場主題有「守時」、「永不言敗」等，透過小小的活動讓人體悟為什麼守時和不放棄很重要。分享讓他學會轉念去找到方法或勇敢尋求幫助走出低潮，所以每場讀書會都很重要。主題式也吸引人更多不同喜好的青年加入。電影也能切入佛法，回饋和分享是讀書會的精華。改線上後他在下班路上用耳機聽，感動到想回饋時就路邊停車。愛讀書的思維帶領過宜蘭區、宜蘭區佛光幹部、北海區各分會的讀書會和佛學會考的題庫的分享。

遍灑菩提種子

青年團執行長有度法師談到北區讀書會的緣起，當時感覺團長信心不是很足，以盲導盲還不如將他們集合起來，給些正能量彼此加油打氣。剛好有因緣請到李德全總召抽空參與青年讀書會，那次有顯著效果，不想接團務長的也願意承擔了。總召跟青年分享說他很忙，但承擔愈多佛光會務，事業愈順利。推掉這些因緣可能要花更多時間去煩工作。法師也邀請多位檀講師與青年結緣，帶入正念和佛法。

青年團是友善的團體，在學青年在校遭到霸凌，這是給人溫暖讓人療癒的地方。青年創意多讀書會很熱絡，檀講師很開心來參加多型態的讀書會，也從青年身上學習。增加電影乃至於跟經典結合是另類學習。青年覺得讀書會不一定要按四層次的次第，應靈活運用從第三、四層次開始，但輪到親自帶領時就知道四層次的必要和道理，透過帶領後發現自己的不足。就是成長。

青年團的菩提種子已分布五大洲，星雲大師說國家的興衰要先看青年，相同地，想知道佛教未來的發展，一樣看佛教青年的表現，青年是佛教未來的希望。不要看輕一粒種子，將來它會茁壯成長；不要看輕一點因緣，將它傳播，也會震動三千大千世界。

佛光會讀書會

我們就是堅持／林少雯

在海外，華人一起讀中文，琅琅書聲，聽起來多麼動人！讀做一個人，讀明一點理，正是老祖先期待子子孫孫都要做到的。

再忙也要讀書

華人在海外打拚，幾乎全年無休。葡萄牙波爾圖的華人也是這樣。佛光會會長張春暉，有著男人的名字，但說起話來聲音如銀鈴般悅耳，聽她娓娓道來有關讀書會的種種，令人敬佩不已。

春暉說會員都忙，能長期參加讀書會真的很不容易。二〇一六法國法華寺辦帶領人培訓，他們派出五個人參加，覺容法師說懂得如何帶領就要學以致用啊！回來後他們開辦讀書會，每週一次，至今沒有間斷過。

波爾圖沒有佛光山道場，只有布教所，每個月有法師過來輔導，當時輔導他們的就是覺容法師。法師之前帶他們讀過《貧僧有話要說》，回去後他們一一打電話號召說：你們有書了，一起過來讀書吧！第一次共讀有香積菩薩來燒晚餐，大家店打烊過來用餐後一起讀書。第一期開

▲線上讀書會讓愛讀書的人，在疫情期間也能遠距共讀。

課有二十幾個人參加。法師在法國沒法參與，他們自己讀，疫情改線上沒了時空限制，現在的妙多法師都會上線輔導，帶領人的技巧也突飛猛進。

成員有住曼城，那邊有英文讀書會，這位師姐覺得英文水平趕不上，就轉來參加波爾圖的讀書會。每到讀書時間，會員都提早下班來共讀。改線上後，有位會員剛好在火車上，但又不想錯過，她說若信號不好無法上線才會請假。這樣愛讀書的書友，就不會退轉。

一群海外華人聚在一起讀中文書，真情流露，那情景真的令人感動！春暉說帶領人選適合共讀討論的材料先發到群裡，文章也會打印出來。書友難免來來去去，帶領人也有回國後因疫情回不來的，也有人離布教所遠，因交通問題流失的，但改線上方便了，大家都能參與讀書。副會長雪雲的兒子有時候也在旁邊聽，連家人都受益了。

輕鬆歡喜共讀共學共享

在書聲和書香中，他們已讀過《貧僧有話要說》、《迷

▲讀書會成員將生活佛法用在與家人的相處上，相當管用！

悟之間》、《佛法真義》都是量大的套書。《佛法真義》按順序一篇篇讀，《迷悟之間》內容多，就由帶領人去選材。

共讀，彼此互相交流，增長知識，春暉說帶領《佛法真義》收益最大。她學佛多年對佛學義理仍感一知半解。當帶領人必須深入經藏鑽研，自己要看過很多遍，讀到都入腦了。帶大家讀，從會員的提問和反饋中，又加深對這篇文章的吸收。帶領她都要準備很久，找資料、找例子、找故事、打比方，找些能發揮輔導作用的相關內容和視頻，自己先懂才能帶大家探討。那一期成員全都讀到信心滿滿的報名參加線上佛學會考，很難得的。

讀書會晚上八點開始，對有些會員還是比較趕的。有一個老會員，家人對她晚上出門有意見，因為店裡還忙著，她就必須趕過來，一段時間之後家人發現她不一樣了，脾氣改了很多，先生從反對變成支持，還自動開車送她來。讀書就是這麼好！

副會長陳雪雲說，教材從《星雲大師全集》裡選。其中兩期有青年團成員加入一起讀。年輕人中文底子不怎麼好，能聽但閱讀和書寫能力差，沒能持久。為了吸引會員，也辦過觀影讀書會。有次準備了素食點心來個下午茶讀書會；有次天氣好約了一個地點集合，在戶外辦旅遊讀書會。多點變化大家很歡喜。有時也有教友來參加。協會有葡藉會員，師姐們日常對話還可以，帶讀書會就不行了，只好請洋人去參加里斯本葡語讀書會，來回開車要六個小時，但現在都在線上了。幾位外籍會員懂法語，也報名參加法華寺法語佛學講座和佛學培訓。

電影選的是「三好微電影」，討論和分享心得很熱烈。讀書會成員平時都忙，喜歡較輕鬆的學習，觀影方式大家能放鬆一下。也帶《人間音緣》一起歡唱；帶唱後就延伸到歌詞的共讀，結束前再快樂的唱一唱。共讀佛法的反應特別好，會員說我以前的觀念一成不變，現在明白道理了解自己錯了。人間佛教很生活化，簡單易讀，會員有這麼多反應，是因為結合到自己生活，如某一句話、某一點佛法的啟發讓她改變。讀書會能長久持續就是因為大家都受益，還能將生活佛法用到先生孩子和家庭上，很管用。

雪雲家離布教所近些，負責保管鑰匙，並提前來開門和布置場地。另一位副會長對佛學較深入，就把空、四大不空這一塊較難懂的義理交給她帶領。他們夫妻很發心，不開店時就過來協會幫忙。

我們就是堅持

春暉和雪雲常互相探討，也和其他帶領人共商教案設計，春暉引領大家一步一步前進。有些帶領人沒經法華寺培訓，在讀書會中邊學邊做，也成為了傑出帶領人。

歐洲聯誼會在阿聯做培訓時，覺培法師和臺灣的老師也來教怎麼帶領觀影和歌曲。疫情改線上後法華寺法華書院推出一系列課程，他們也都參加。

「聞思修證」四層次的帶領，春暉覺得容易達成的是「聞」，這層次要找到重點詞和關鍵，了解文章講什麼。有人說「修」和「證」比較難區分，她覺得必須深入文章內涵，知道內容表達什麼，了解作者想法，所以「思」的層次特別重要，有「思」作為基礎才能過到「修」。在在都需要訓練腦力。

剛改線上時連著幾週都是春暉帶領，覺得壓力大，現在都輪流帶了。有位師姐平時不愛說話，帶領對她是一大挑戰，但多帶幾次後思考和口才都能變好，各方面都會提升。

春暉說我們就是堅持，不管讀書會成員來來去去，也不管有沒有法師在，我們一直堅持下來。

監獄讀書會

千年暗室 一燈即明／林少雯

人生跟打籃球一樣，分上半場和下半場，上半場因為觀念偏差你打輸了，星雲大師教你建立正確的價值觀，讓你打好下半場。

笑容如此動人

監所布教，在佛光山歷史悠久，人間佛教讀書會成立後，監所讀書會也是不可或缺的項目。二〇一五年高雄女監所長去拜訪依來法師後，讀書會總部的妙寧法師帶著彭桂芳和蘇孟賢兩位講師去了解情況，提出計畫表。

高女監讀書會的特色是名額只有二十個，而且嚴格按表操課。成員來自各工廠且是自願登記的。二〇一五年八月十四日高雄女監每月一次的讀書會開班。第一期桂芳一個人去上課，她發現這裡是真正需要給予佛法的地方。

二〇一六年起張瀞方、蘇孟賢和王淑慧加入，四人的團隊帶了兩年。後來交給瀞方和孟賢帶領。二〇一八新增向陽計畫班，林灑津和莊月香兩位老師也加進來，陣容更堅強了。

早期讀書會定名為「與生命對話」，材料取自《人間萬事》套書和《人間音緣》。孟賢的歌聲美妙，非常受歡迎。桂芳設計的向陽計畫方案，材料選自《幸福百法》，中間穿插三好卡、人間因緣、影片等方式呈現多元化，同學好喜歡也好感動。尤其是暖身的三好卡，溫馨感人。幾年下來桂芳說他們沒有砸了佛光山的招牌。

同學們的轉變和笑容，如此動人，住新竹的桂芳從早上四點多摸黑出門輾轉換車跨了幾個縣市趕路的辛勞，都值得了。

一張紙的感動

林灑津校長在二〇一七和二〇一八兩年帶領週三早上九點到十一點的向陽班。由孟賢老師帶前半部《人間音緣》，歌聲讓教室熱絡又溫暖後，就由灑津帶讀書會。向陽，心向陽光，高牆內的讀書會讓同學臉上有了陽光。

灑津從嘉義坐高鐵轉捷運，到草衙站搭計程車。司機看到她穿讀書會制服，就說快，一部車先送她趕九點要上課，好感動。高鐵員工看到這件衣服，會問妳今天要去監獄？妳是佛光山的？大師佛光普照四方，處處都是陽光。

同學一張張眉清目秀的臉，寫著對求知的渴望。灑津讓同學推選班長並隨創意製作自己的立體名牌，方便親切叫喚他們的名字。孟賢的歌聲讓同學心情愉悅，唱完歌對歌詞發表聯想，再進入與歌詞相關的文章帶領。四層次的帶領是一種意識流，同學很自然地說出內心話。有一次唱〈幸福是什麼〉，也畫什麼是幸福？作業寫了也畫了很多。一張紙對他們如此重要，每天尋找幸福並記錄下來，提升正能量。高牆中的日記是新人生的起點。兩期十堂課程十篇作業的成果報告，有人能寫能畫，有人說老師我可不可以多要一張紙。

千年暗室一燈即明

二〇一八年孟賢老師加入向陽計畫。她以歌聲帶給同學歡喜和感動。帶同學手作海報，玩得好開心，彷佛黑暗的角落看到了陽光。從剛開始同學臉上的冷漠、呆滯、自我放棄的表情，上完第一堂課露出一點點微笑，第二堂課敢張大眼睛看老師，第三堂課一點點的說出自己的感受，第四堂課捉住桂芳不放，那種期待，難以形容。

有一次帶「人生卜事」，一位同學安靜不說話，原來她抽到往生牌，桂芳就說真的嗎？哇！太好了呀！表示你過去的不好、黑暗、挫折等負面的事全都往生了，即將迎來一個新的妳。同學當下開心的笑了。這一幕孟賢永遠忘不了。桂芳文學造詣深，可以把「人生卜事」籤筒上少少幾個字，講得意義深遠，讓同學覺得那是大師送給她們最寶貴的禮物。

張瀞方老師發現一位學員很有自信，於是讓她上台來帶帶看，她也帶得很好。同學後來調走了並寫信給瀞方，感謝佛光山給她豐富的心靈資糧，請瀞方打電話鼓勵她的孩子去佛光山當義工，受佛法熏習；她不希望因自己錯誤讓小孩失去學習的榜樣。瀞方很感動，這是善的循環。

向陽計畫的莊月香老師以短片、《人間音緣》和《佛光祈願文》帶領和分享。抽「人生卜事」印證與妳人生的關聯時，同學響應熱烈。

月香是第一批監獄布教師，看到同學都是俊男美女，為何會玩到監所裡來？百分之八十是國高中交友不慎後不可自拔。月香說你們人生的上半場沒打贏，來這裡閉關有緣認識佛教。同學會主動跟月香要佛像、抄經本和念珠。分享時也願意講出自己的生命故事。月香在看守所帶讀人間福報，沒有剪刀和原子筆，同學蹈用手撕下圖片，用鉛筆寫心得。定和尚建議月香要增強收容人的因果觀念，出監後才不會再重蹈覆轍。月香將《定和尚說故事》送給同學一人一套。她不以老師自居，當起他們的同學，輸送溫暖和關懷。

講師帶領的態度，可以讓堅硬的心軟化，在黑暗中點燃光明。

信仰和因果觀念

二〇〇九年劉秀勤老師進入桃園少輔院帶領讀書會，對象是十二到二十歲的青少年中輟生。孩子們長得清秀，沒幾個戴眼鏡的。他們不是壞人，只是誤入歧途，吸毒販毒占百分之九十以上。就讀敦品是重新站起來的機會。

對孩子的教化，唯有認知才能影響行為。一次秀勤帶領有關成功的文章，她說你們不是成功，而是毒品成交。孩子的觀念是快速賺錢，不斷輪迴再去買毒販毒。秀勤做了調查，孩子約在十歲時經朋友介紹加入幫派，不知是非將單純善良用錯地方，出去後不久還會再進來。

秀勤心疼孩子，帶她們讀星雲大師的文章，用比較簡單輕鬆的形式進行，導正孩子錯誤的價值觀。

情緒管理和熏習

陳玉翠老師二〇一〇年開始在南投帶監所讀書會。她帶少觀、女工和男工戒毒班，以《人間萬事》、《迷悟之間》、因果故事和影片來帶領。佛教歌仔戲《玉琳國師》、《于盆蘭目連救母》的故事都讓同學感動。女工上課專心，願意分享自己的看法，也容易相信信仰和因果觀念；佛學會考、三皈五戒都很踴躍報名參加。她曾經帶到一個吸毒的漂亮女生，在所裡學會藍染和麵包製作，有了一技之長。有一次她在店裡吃麵，有人叫他「老師、老師」，原來是收容所的畢業生，能走上正途讓她很開心。

玉翠帶戒毒班讀書會，上的是情緒管理和熏習。玉翠問上次的情緒管理課後你們有什麼改變嗎？掀起一片討論聲。熏習課讀星雲大師文章，放臧與國戒毒影片、孟母三遷環境教育及編織的故事等去啟發他們。觀看影片的輕鬆學習，更能收到成效。

人人都可成佛

《法華經》說人人都有佛性均可成佛，月香說這是我們去監獄弘法的目的。給收容人關懷和希望，讚歎他們，讓他們重拾信心。就像定和尚說的人生跟打籃球一樣，分上半場和下半場，上半場因為觀念偏差你打輸了，星雲大師教你建立正確的價值觀，讓你打好下半場。

宗教和讀書是改變和救贖的力量。妙寧法師和桂芳老師說，這是我們團隊分工合作集體創作的成果。

佛光會讀書會

給人因緣也廣結善緣／林少雯

里斯本，葡萄牙的首都，感覺很遙遠，「善緣讀書會」卻讓人感動到彷彿它就在你心裡。

種子教師

葡萄牙佛光山，很特別。覺彥法師和讀書會帶領人，對讀書會的真誠付出，出乎人的想像。覺彥法師的話語聲聽來如沐春風。他說會員經商做批發零售生意，一天工作十幾個小時，星期天也不休息，能參加讀書會很不容易。

里斯本佛光會是一九九六年成立的，但一九九四年就開始推動佛光會。二〇〇八年開始有讀書會。信徒、督導提供房子給我們讀書。二〇一四年葡萄牙佛光山成立，讀書會才有一個家。道場未成立前，會員在商場內師姐的客廳或辦公室，讀書一小時，再去開店，時間都是擠出來的。有了道場後大家在共修之前先讀書。

弘揚佛法要培訓宣講員和檀講師。總會執行長覺培法師到歐洲來培訓，里斯本推薦三位會員參加，之後又邀請滿謙法師到里斯本培訓了更多人才。

生活書香化

里斯本有六個分會，一個青年團。秘書長莊穎說讀書會希望做到將生活書香化。滿謙院長來培訓後第一次帶領，院長就在旁邊指導。讀書會在商場、客廳，後來轉移到道場，才正式取名為「善緣讀書會」，希望給人因緣也廣結善緣。

分會長周凌霄說這裡有六個讀書會，目前書友有三十多位。選讀的教材各不相同，成立善緣讀書會後以《星雲大師全集》為主。葡文讀書會讀翻成葡文的《人間佛教》、《人間佛教的經證》、《釋迦牟尼佛傳》、《般若心經》等，目前在讀定和尚的《生命的工程師》。由葡文檀講師莊穎督導帶。青年團選的教材是「YAD TALK」和「三好微電影」等。

人間佛教是佛說的、人要的，淨化的、善美的，星雲大師的文章包含這四要素。莊穎說大師講的佛法簡單又生活化，能立即應用在生活中。

讀懂做人做事

參加讀書會到底多好？

張清林說她學會做人做事的道理，與妹妹的關係變好，還發願要當帶領人，現在姊妹倆等著培訓。

朱龍琴很小就從中國大陸出來，現在中文水平提高了，學會轉念，心胸變開闊、有耐心，

▲葡萄牙里斯本秋遊戶外讀書會。

念佛號後不害怕不失眠，能背《心經》，使她煥然一新。

涂君慧脾氣急，她把人間佛教的智慧實踐在生活中，跟家人孩子關係融洽，遇挫折冷靜思考，不再手忙腳亂。生活和生命的質量都提升了。做生意時給人笑臉，給人因緣，生意愈來愈好。現在成了帶領人也擔任副會長。

周凌霄不知什麼是多聞、熏習、轉念、隨緣、讚歎，現在她把佛法連結生活，這些詞全懂了，生命起了大轉變。

林彩萍遇到問題會想起大家的分享，明白怎麼解決問題了。她最受益的是學會轉念，讓時時都歡喜，對孩子說好話，讓孩子積極向上。

成員非老闆即員工，人間佛教思想、行為規範、管理等，讓人正確處理雇傭關係，雙方和諧。

有人不參加是因不知如何回答問題。他們

稱之為「透明人」，提問時刻意跳過去。後來透明人讀著讀著就不透明了，自然而然搶著分享。分享讓彼此更加了解而成為知交。莊穎剛來時沒有朋友，現在朋友可多了。

感受讀書的好處，讀書會才能長期維持。

豐富多樣的帶領

凌霄愛讀大師的書，但沒想過能幫助別人。培訓後知道讀文章能這樣一層一層剝進去，讓人從點線面去了解，就知道大師跟我們說什麼了。

選材時要考慮書友的程度，讓人產生興趣和共鳴，下次還想參加。剛開始帶時法師會問今天的帶領如何？要說出缺點。這種訓練是成長的重要因素。目前有十七位帶領人，四位等待培訓。

帶領人深入佛法發了真善心，就要繼續發菩提心。口才好、思維敏捷、有格局，理事清楚的，在訓練中成為分會重要幹部，為協會注入新人才。

莊穎剛開始時準備文章，花上兩個月每天精讀記下想法，一星期前再將想法整合起來。現在急著上場三天也能準備好。分享時告訴別人如何做人，自己也要做到，自利又利他。

教材中的歌曲和電影很受歡迎。如《雁行菩薩行》影片，視覺效果好，不知不覺被感染。「雁行」就像佛光會一樣，大家一起往前互相扶持集體創作，朝善緣目標前進。

工人想離婚，說他無法改變自己，莊穎想到〈流轉〉這首歌，她說佛教講的是不去改變別人而要改變自己，你要像水一樣，她是山，水遇山要轉。以前覺得別人的事與她無關，現在卻會利用所學來幫助員工解決問題。

讀書會搬到線上，家人也能參與。會員下午兩、三點出門，讀書會加共修，晚上八、九點回來，先生終於知道原來你們在讀大師的好文章，更加認同了。

帶領人多，風格和內容各不相同，讓書友非常期待。李煜洹會跳敦煌舞，帶領時會播放敦煌的視頻。黃慧偉領玩小遊戲促發互動和分享，讓書友感覺輕鬆、有趣、有益，自在沒壓力又吸引人。

帶領人還要學習寫，今天帶領下週就是記錄，剛開始有人從晚上八點寫到半夜兩點，現在一個多小時就能完成，寫作能力大大提升。帶領和記錄都預排時間，彈性多也沒壓力。

▲葡萄牙里斯本佛光青年分團讀書會。

終極目標成為大師分身

歐洲僧眾少，帶領人是有使命感的。覺彥法師說我們透過讀書會宣揚人間佛教理念，發掘人才，從帶領人、宣講員，終極目標是成為檀講師，當星雲大師的分身。

葡萄牙佛光山的星期天，就是讀書日，是最快樂日子。善緣讀書會全年無休，團隊用心經營讓讀書會豐富多彩，也讓人間佛教契機契理又歡喜圓滿的融入大眾生活中。

桌遊讀書會

有趣好玩的讀書會

／林少雯

五花八門、色彩繽紛的各色卡牌，琳瑯滿目擺滿一桌，讓人眼睛一亮。這一張張有文字、有圖，又能啟發想像力和智慧的卡片，好玩又有趣的連結上讀書和佛法，會是什麼景況呢？

桌遊 是一種學習的方法

用桌遊帶讀書會，很另類。陳俗均老師說她不太稱這是桌遊，而是一種學習的方法。

桌遊種類多，選擇時要看學員人數和對象。年輕人選用較難的，年長者選較簡單的，孩童可用如孝順、誠實這些他們理解的卡牌，低年級有時還用注音。除了卡片還加上播放投影片來互動，疫情後改線上照樣能玩。

俗均帶青年團線上電影讀書會時，曾經使用軟體讓大家互相討論共同創作。他們將《天橋上的魔術師》影集中的六集，符合《金剛經》的故事情節連結「應無所住而生其心」，花半小時看影片，一個半小時探討。如從主角的心理狀態和即將發生的情緒，切到其他人對此事的觀點，像蝴蝶效應一樣，最後結局就完全不同。影集中探討愛情、親情和生死，對青年都很有啟發性。

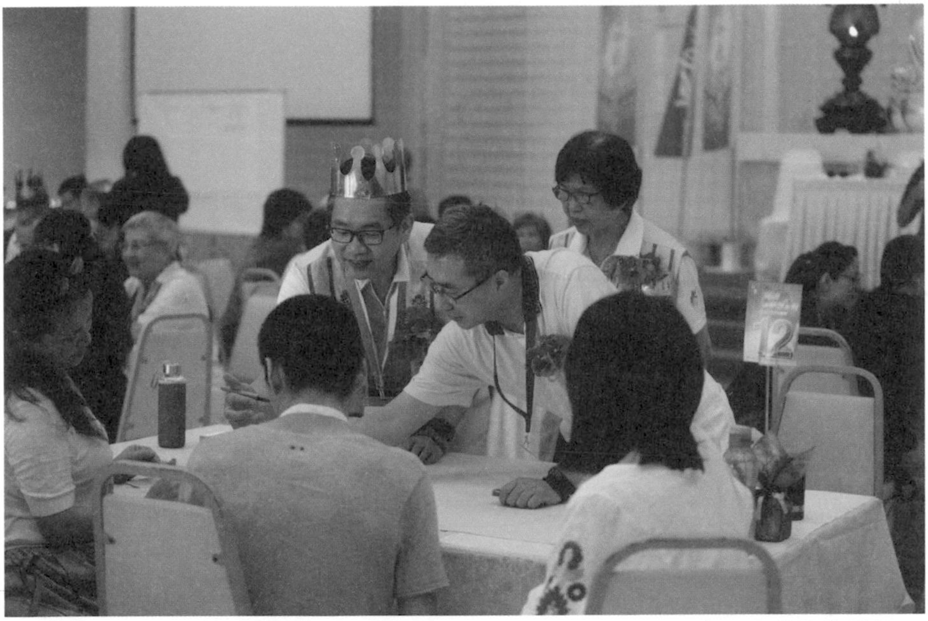

▲▼桌遊種類多，選擇時要看學員人數和對象。年輕人選用較難的，年長者選較簡單的。

去讀引導學，得到各種證照後，俗均以更專業方式帶領各種類型讀書會，這期間她不斷向各位講師學習，引進不同方法，讓學習更有趣。讀書會是分享，把自己的經驗提供大家學習，她使用各種不同的方法達到這個目的。

桌遊 不拘實體或線上

接觸到桌遊是因緣際會，俗均有次剛好玩了一個桌遊，就一頭栽進去。那時帶讀書會大多用活動式帶領，她開始思考如何用桌遊結合佛法和讀書會。佛光山給她很多機會帶讀書會，她在逼所成慧中學習。學然後知不足，不斷提升自己。現在已收集一百多套桌遊，自己還研發了不少。

桌遊如何結合讀書？如怎樣破冰？她拿出像撲克牌般的鼓舞卡，請大家選二張，從卡片的內容中介紹自己，邀大家分享。能分享的有很多，如有人喜歡運動、重視睡眠、愛看電影等，拿到的卡片不一樣，分享內容也不一樣，再加上自己的聯想，就很豐富，這是很棒的開場。共讀時結合今天的材料，如題目「朝山」，先問大家有沒有經驗？朝山讓你想像到什麼？挑一張符合你想像的圖片。有人選了雙手間放出光亮的卡片，分享說去朝山的人是有信仰的。有人選了有山坡樹木的卡片，說這是象徵內心的菩提幼苗在長大中。接下來就共讀星雲大師〈朝山〉的文章。從破冰到暖身、暖聲和暖心，大家移動和互相交談，彼此不認識，卻已經聽到你的觀點了。先有想法再來看文章，提問時以「聞思修證」四層次引導。

▲▼讀書讀遊戲，經由「聞思修證」四層次進行，重拾書本的樂趣。

去年中秋節俗均帶七十人的讀書會，分三組，同時運用多種不同圖卡。請一組挑幾張卡，把這幾張串成一個故事來分享和討論，這是將桌遊融入教學的方法之一。另請一組選出大師一筆字中的卡，如選到「行佛」，再挑三張另一組圖中看起來像行佛的卡片。圖片中有幾個小朋友將一棵倒下的樹扶正、幫小樹苗澆水、扶老人家過馬路等，再來討論為什麼這是行佛。或先讓大家看看行佛文章的內容，再來討論圖卡，分享自己曾經有過的經驗。

最大的挑戰是在雲居樓二樓帶約六百人及如來殿帶一千多人，用PPT、遊戲跟佛光山的主題結合，利用視覺和小道具的應用，分隊猜，下注答案，很有趣。運用軟體同時間在線上進聊天室，就可以移動和競賽，是大型的共創平台。

桌遊 讀懂一顆心

桌遊種類多，有策略性的，不斷動腦廝殺爭輸贏；有派對型，比較歡樂；俗均靈活運用。她將大師的一筆字、佛光菜根譚、三好卡、人生卜事等做成文字卡，也可以反過來操作不要文字，只有圖片，如這張卡你看到什麼，請學員寫下來或畫下來。

玩佛法遊戲時，俗均用自己創造的字卡，如清淨、五和、四給、六度、正思維等，讓大家玩，圖片背面沒有解釋文，配合當天讀的文章，發一張空白紙卡讓學員自由發揮去寫去畫去創造。分享時抽到什麼就講什麼，講完可集合遊戲再來複習。如今天的文章講八正道，以漸進方式先讓你熟悉，然後讓大家共創卡牌後立即蓋牌，用釣魚方式來翻牌，翻到正見，就去找正見卡，這張不是，再去找，直到找到為止，讓你深刻難忘，愈來愈熟悉後再進行討論分享。自己寫自己畫，攤出來一起討論，這種共創讓學員很有成就感。

熟悉是四層次的聞，經過思而畫圖是思。畫好開始玩遊戲，一顆顆彩色小方塊如骰子般大小，用來下注投票，投你覺得哪張圖是正業、正見，多投幾次票就容易記住。也可以讓學員手抄或直接講，大家一起設計成卡片，內容有正命、正語、正精進，有解釋有圖片，還沒討論前大家先猜，即溝通交流。這種玩法年長者也喜歡，有次帶老菩薩讀一篇〈石頭上的紅花〉，請他們把聽到的畫出來，畫出的石頭和花大小各不同，分享時都是精彩的生命故事。分享畫是交流，是從思到經驗談的層次，進一步就是如何修和證。

佛陀八相成道的故事，配上圖卡和文字卡，用PPT先介紹內容後提問，如悉達多太子發現生老病死是在哪個時期？大家搶文字和圖卡，也可以將骰子放在答案前方押寶。有一年她帶《佛陀本懷》，第一次帶不很順暢，就一次次調整補充圖卡內容，直到滿意為止。

俗均感恩地說，能運用各種方法，是在佛光山帶領讀書會腦力激盪出來的。很多人已經不讀書，加入佛光會以後又讀起書來，遊戲讓讀書很快樂，讀遊戲也能讀懂一顆心！

敦煌舞讀書會

禪舞開啟生命之鑰　書香豐養自心之泉

／孫雩琪

人間佛教禪舞讀書會，由佛光敦煌舞團鄭秀真老師帶領，在舞蹈中藉舞修心，從讀書會豐富生命的涵養，第一班成立於二〇一七年三月二十六日、第二班成立於二〇一九年七月十四日總計三十一位成員，迄今已逾五年，通過讀書會帶領人認證共十八位；除人間佛教禪舞讀書會外，尚有人間大學竹東分校「覺心讀書會」（二〇二〇年十一月九日成立）、人間大學台中分校光明校區「千手牽手讀書會」（二〇二〇年十一月成立）、花蓮佛光山月光寺「月光敦煌禪舞讀書會」（二〇一九年十月成立）、苗栗大明社區大學「大明禪舞讀書會」（二〇二〇年十一月六日成立）。

藉舞修心　聞思修證

讀書會的成員，來自佛光山各道場及社區大學的敦煌禪舞班，喜歡跳舞的人、優雅身姿、樂於廣結善緣的人聚首在一起，跟著鄭秀真老師的腳步，落實書香生活、層層堆疊出生命的豐厚。

每次的讀書會，從基本的聞、思、修、證開始，透過暖身、解讀材料、分組演練、小組報告，

▲舞蹈動作結合讀書會教材「耳根修行」，學員認真聽、專注聽，強話聽的概念。

如二〇二〇年十一月八日以鄭秀真老師「步步聲聞」為題，從舞蹈開始，配合「點燈・楊柳觀音」的音樂，學員從動作組合中，各自發表觀察與體會，從心生微笑，左手聽、右手給手姿的延伸、心中的意念，如同觀音菩薩慈眼視眾生，遍灑甘露，鄭老師表示，她以腳步代表行佛、心念，如實一步一腳印，「聞聲」則以融入音樂，代表聽到眾生的祈求。

讀書會的材料解讀由妙寧法師帶領，「人間佛教幸福百法——耳根修行」、「人間佛教幸福百法——如何豁達？」扎扎實實進行，從開始朗讀、劃段落、標段落、找邏輯字、找關鍵字、找關鍵句、下標、命名核心價值、清楚不拖沓的九個步驟，有效提升閱讀力。以及帶領引發思考媒材的內容想要告訴我們什麼？讀書會最後，由鄭老師回饋整支舞蹈的創作理念，結合「耳根修行」文章中的善聽、諦聽、兼聽、全聽，結合音樂加入撩攤或聽的動作，以翹三指掌心向外，代表觀世音菩薩千手千眼，強化聽的概念，認真聽、專注聽以及給出去的感覺，施與眾生無畏，淨化人心，也淨化自己。下午的大悲懺法會，讓學員們從大師的人間佛教走入佛教經典，透過禮拜、諷誦、觀想等，鄭老師期盼透過這樣的學習，能擁有觀音般的妙智妙力，懂得慈悲、行的慈悲、更要舞出慈悲。

向下扎根 用心傳承

鄭老師說：走在禪舞的路上，感謝師父一直以來的支持與鼓勵，有精進不懈的團員們，有師父的法水滋養，使得藉舞修心得以落實，讓佛法、舞蹈雙行合一，人間佛教禪舞讀書會將持續不斷前進。

未來將以孩子們為主體，從敦煌相關元素：壁畫樂器、菩薩、供養人等相關文章討論，對應大師的好文，以深入淺出的方式，從兒童讀書會教育紮根，從團員拓展到道場的兒童禪舞班。

鑒於邁入高齡社會，以長者為主的養生班也相當重要，如何傳遞正信、正念，讓長輩不臥床，身體持續動一動「以舞練身」、「以舞傳承信仰」。希望藉由禪舞以及讀書會，讓身心靈獲得真善美的平衡，每一次的聚首都能溫暖、照亮每一個地方，用心傳遞、讓愛延續。

讀懂一顆心

讀書會是一場與心的對話

如何有效提問，如何啟動思考討論的方法，不僅讓學員們了解「對話」源於「傾聽」，「傾聽」則需「如實映照」對方的處境，理解對方的狀態，不加諸個人的價值評論，這一連串的學習，似乎讓每個人重新看到自己學了一生的功夫，又要把快裝滿的水通通倒掉，練習做一個懂得傾聽的「帶領人」，說是帶領讀書會，其實跟學佛一樣，隨時觀照、隨時修正，也要隨時調整自己的心。

樺主編
蔡孟樺主編
禪
行佛
佛
吉祥

1
2
3
11

佛光青年團參與「人間佛教閱讀研討會」

王志隆　永和第二分會督導

在學佛階段一開始從青年團歡樂的活動中，到加入佛光會各項會務的推動，就如同五十二階位中每個階段在不同行門中，研讀經典回到解門的體悟，行解並重在生活中處處體驗人間佛教的道理。

二千五百多年前佛陀的教法即使到今天，也是最真、最善、最美、最流行的道理，提醒我們在生活中面對種種困難要從發願中實踐難行能行、難忍能忍的精神，因為有願必有力，萬事萬物雖然各有不同現象，實際上卻是一致的，因此我們不必妄自分別，因為一切諸法都是萬有圓融，只要相信有佛法一切就自然會有辦法，當佛法用在生活中，您會發現愈來愈歡喜。

張雅閔　台北傳燈分會副會長　中華佛光青年團桃竹苗區顧問

「是日已過，命已隨減，大眾當勤精進，如救頭燃」以前聽到這句話，只當耳邊風，覺得沒必要如此緊張吧！直到青年總團指派一項「艱鉅」任務——擔任閱讀研討會的「經典導讀人」，才發現「精進不懈」太重要了！

從《華嚴經》到《維摩詰經》，在我逐步深入經典、整理資料的過程，發現自己的障礙和駑鈍之深，以至於經藏文字在前，腦筋卻如霧裡看花；隨著端秉身心、深入閱讀，愈覺充滿法喜，以前卡住自己的無明，在閱讀中，經典如明月照破迷霧，讓我的身心備感清朗明快！

只是，從前不知把握時間深入經藏的後果，這時就更感受「時間不夠」的壓力，「Time is money」，每一時刻我都想在生命中刻進經典、注入佛法，更不想浪費參加論壇的法友的生命，所以分秒必爭，急起直追那一抹在遙遠前方的耀眼佛光。

準備的過程，我是最大獲益者，透過讀經而對治心內的煩惱，讀出直下承擔、珍視人生。

感謝人間佛教讀書會與中華佛光青年總團，讓經典導正我生命、讓論壇開拓我的思維。

楊秀蓮　世界佛光青年總團天馬幹部

為了在台上言之有物，不枉此行，從接到任務後兩三個月的籌備期間，開始了《十種幸福之道——佛說妙慧童女經》的探索之路，期間除了自讀之外，同時亦啟動每週五的「山中讀書會」，邀約幾位南區的青年朋友，一起來佛光山讀書，共同探討交流想法。但直到活動前一個禮拜，對於經典的詮釋，仍毫無把握，所幸有法師們的細心提點與指導，才能得以順利過關。

這段從陌生到深入的籌備之旅，深刻體會到，閱讀經典需要「透過自我對話，與他人想法交流，並有老師從旁指導」的三部曲，從思索到實踐，從陌生到熟識，從無到有的過程，需要時間不斷堆疊，幸福之道種種，何處起步？一切美好的開始說 YES 展開。

居長儒　中壢佛光青年團團長

當我收到與談人的邀請時，有點無所適從，畢竟我很少有讀書會的經驗，更不曾在講台上與這麼多人演講論壇。但我收到邀請的當下沉思一會後，就只有直下承擔的念頭，把握這次的因緣去突破自己、挑戰自己！也因為了這次機會，讓我與《維摩詰經》結緣。閱讀經文後發現，原來經文中所說的法與生活上有許多的共鳴。生活可以與佛法相依，逆境可以用佛法轉念，生活中的佛法俯拾即是！從經文中學習佛法，在生活中實踐佛法，這是《維摩詰經》帶給我的體悟。

羅羽筑　桃竹苗區團務長

謝謝那通電話成就了我，有機會成為人間佛教閱讀研討會《維摩詰經》論壇的主持人。從沒想過原來我與青年的結緣也可以是一場經典論壇，當時為了更了解《維摩詰經》，很認真把書前前後後讀了一遍又一遍，書也被我畫上滿滿的重點，因為知道唯有自己把經典讀熟並消化，才能讓與會者可以透過論壇認識《維摩詰經》，透過與談人的分享希望當天與會的每一位，可以在生活中找到與《維摩詰經》相呼應之處，對我來說這就是我小小的成就了。

周汶蔚　新竹佛光青年分團團長

第一次接到有度法師打電話邀我擔任「桃竹苗區青年經典論壇」的分享，當時覺得自己能力還不足，用各種理由拒絕。但是，後來聽到師父說「大家都一起來學習的」這句話，讓我轉了念。青年經典論壇分享的經文是《維摩詰經》，我在準備的過程中有兩種感受：

第一種感受是驚訝而能深入了解星雲大師常說「我是佛」的意義，以及讓感到驚訝的是我發現到《維摩詰經》不是佛所說，而是一位居士與菩薩大弟子眾所說的法被記錄成經文。我在心裡面產生莫大的疑問，因為我認知的經文是要佛說所得，怎麼會有一位居士說的法也成經文。因此，我就抱著好奇的心研究這位居士的法，到底有什麼特別可以被記錄成經文。

後來，從星雲大師的著作及督導們的分享，我才逐漸理解維摩詰居士。雖然是居士，他所有的行為都離不開如來的本性，如：供養諸佛，善於說法，精通大乘佛教教義等。從這一點，我更深入理解為什麼大師要我們常常說「我是佛」的原因。如同維摩詰居士，所有世間的人如果都與佛陀的行為相應在那一當下，我們就是佛了。

第二種感受是找回自己學佛的初心。從〈不思議品第六〉，描述到菩薩大弟子眾去探病，舍利弗其念為什麼長者維摩詰居士都不給他們椅子坐。後來，維摩詰居士知其意，即問：「云何仁者為法來耶？求床座耶？」。舍利弗言：「我為法來，非為床座。」這一段讓我印象很深刻。尤其是「云何仁者為法來耶？求床座耶？」讓我想起到之前我們的印尼佛光青年輔導法師覺燈法師曾經問青年：「大家為什麼來道場呢？」當時，青年有各式各樣的回答。後來，覺燈法師說，大家要用「供養常住三寶而來，並也要記住，哪裡有三寶哪裡就有我」。從那當下起，我就開始保持這樣的心態走入道場，並也因為這句話，讓我可以廣結善緣，學習各種知識。

總之，非常謝謝所有一切的因緣，以及師父們給我透過承擔的機會，深入了解星雲大師所說所的每一句話，以及找回自己學佛的初心。

王奕舜　岡山佛光青年團長

從準備閱讀研討會的過程中，我細細地研讀星雲大師的著作，書中許多道理和我的生命經驗非常契合，讓我整理如何分享的過程十分的順利。感謝總團在研討會前精心安排了許多培訓，協助我們有個明確的方向，更感謝所有與談人相伴，透過一次又一次的試講與回饋，除了讓思緒更加清晰，更培養彼此的默契。這麼棒的活動希望能夠年年舉辦，透過閱讀和所有與會大眾一同深入經藏，碰撞出佛法實踐於生命的智慧。

人間佛教讀書會 20 年大事記

2002 ～ 2022 年

人間佛教讀書會20年大事記（2002～2022年）

年度	主題	地點	場次	人數
二〇〇二年	讀書會成立說明會	人間佛教讀書會總部、台北道場、基隆極樂寺	3	282
	儲備講師培訓	淡水洪氏藝文之家、台北敏隆講堂	2	78
	讀書會開學典禮	彰化員林講堂、台北道場、台北普門寺	3	630
	帶領人培訓	嘉義圓福寺、彰化員林講堂、台北道場、宜蘭蘭陽別院、台北普門寺、馬來西亞佛光山東禪寺、高雄普賢寺、新加坡佛光緣、香港佛香講堂、高雄佛光山寺、新竹法寶寺、台東日光寺、桃園講堂、菲律賓馬尼拉佛光山、台南講堂、屏東鳳山松鶴樓、屏東講堂、新北市板橋講堂、高雄佛光山叢林學院、台北人間大學、花蓮禪淨中心、澳洲西澳道場、台中佛光山東海道場、彰化福山寺、泰國曼谷文教中心、馬來西亞新山禪淨中心、日本本栖寺、台南新營講堂、台中光明學苑	35	4,098
	帶領人聯誼座談會	基隆極樂寺、日本本栖寺	2	230
	教案設計培訓	台中光明學苑	2	80
	「迷悟之間」發表會	台中女子監獄	2	105
二〇〇三年	帶領人培訓	高雄佛光山寺、雲林北港禪淨中心、桃園寶塔寺、新北市金光明寺、基隆極樂寺、嘉義龍海國小、南投至誠國小、台南講堂、台中光明學苑、台北道場、香港佛香講堂、馬來西亞佛光文教中心、馬來西亞巴生佛光緣、馬來西亞關丹佛光緣、馬來西亞馬口禪淨中心、馬來西亞芙蓉佛光緣、馬來西亞新山禪淨中心、菲律賓馬尼拉佛光山、台南新營講堂、嘉義南華學館、新北市金光明寺、台南慧慈寺、台南禪淨中心、巴西國際大飯店、阿根廷佛光山	57	8,699

年度	主題	地點	場次	人數
二〇〇四年	「蘇菲的故事」發表會	台中女子監獄	1	100
	帶領人聯誼座談會	新北市板橋講堂	1	150
	讀書會成立說明會	嘉義圓福寺	1	300
	讀書會開學典禮	彰化員林講堂、高雄普賢寺	2	245
	全民閱讀博覽會	高雄佛光山寺	1	2,300
	帶領人培訓	南投德山寺、嘉義南華學館、高雄佛光山叢林學院男眾學部、高雄佛光山寺、印尼普門道場、美國關島佛光山、台北安國寺、大陸浙江好樂多集團公司、苗栗大明寺、高雄旗山禪淨中心、高雄佛光山叢林學院女眾學部、新北市板橋講堂、彰化福山寺、台北道場、彰化員林講堂	29	2,188
	兒童閱讀帶領人培訓	台北永和學舍、嘉義南華學館、台中光明學苑、宜蘭蘭陽別院、嘉義和興國小	5	193
	閱讀研討會	高雄佛光山寺、高雄普賢寺、台北普門寺、嘉義南華學館、新北市金光明寺、彰化福山寺、新北市板橋講堂、台北道場	8	1,749
	雲水讀書會	嘉義南華學館	3	306
	帶領人聯誼座談會	台中光明學苑、台北道場	2	85
	全民閱讀博覽會	高雄佛光山寺	1	2,000

年度	主題	地點	場次	人數
	電影讀書會	台北文化大學	1	20
二〇〇五年	帶領人培訓	韓國首爾佛光山、新北市三重禪淨中心、新北市新店禪淨中心、台南慧慈寺、桃園寶塔寺、彰化福山寺、中壢禪淨中心、金門迎賓館、馬祖南竿介壽國中、台北道場、新竹法寶寺、新北市板橋講堂、嘉義南華學館、苗栗大明寺、大甲妙法寺、彰化員林講堂、台南講堂、高雄普賢寺、大陸浙江好樂多集團、新北市北海道場、高雄佛光山寺、美國紐約道場、美國奧斯汀香雲寺、彰化文化局會議室	73	7,195
	閱讀研討會	高雄佛光山寺、新竹法寶寺、台北普門寺、彰化員林講堂、宜蘭蘭陽別院	5	1,501
	全民閱讀博覽會	高雄佛光山寺	1	1,400
	儲備講師培訓	高雄佛光山寺、台北道場	2	90
二〇〇六年	帶領人培訓	台北道場、馬來西亞佛光山東禪寺、台中光大社區大學、台南慧慈寺、屏東講堂、高雄老人公寓、屏東潮州講堂、印尼普門道場、花蓮月光寺	29	2,137
	閱讀研討會	高雄佛光山寺、花蓮月光寺、桃園講堂、台南講堂、新北市三重禪淨中心、基隆極樂寺	6	1,640
	保護管束人讀書會	台北道場	1	30
	帶領人聯誼會	新北市板橋講堂、台北普門寺、台北道場、新竹法寶寺、宜蘭蘭陽別院、新北市永和學舍、花蓮月光寺	7	295
	全民閱讀博覽會	高雄佛光山寺、台北道場、馬來西亞	3	3,050

年度	主題	地點	場次	人數
	書香味方案設計	台北道場	1	17
二〇〇七年	帶領人培訓	高雄高工、台北道場	9	426
	閱讀研討會	高雄佛光山寺、宜蘭佛光大學、台北普門寺、台中惠中寺、台南真理大學麻豆分校、苗栗大明寺	4	2,414
	全民閱讀博覽會	高雄佛光山寺	1	2,000
	全國親師教育巡迴研討會	台北普門寺、新竹市政府	2	550
	兒童閱讀帶領人培訓	嘉義圓福寺	1	35
二〇〇八年	帶領人培訓	美國西來寺、嘉義南華學館、香港佛香講堂、台北媚婷峰台北總公司、台南南台別院	7	450
	閱讀研討會	高雄佛光山寺、彰化福山寺、台北道場、阿根廷佛光山、巴西聖保羅佛光緣、巴西如來寺、巴拉圭佛光山禪淨中心、智利佛光山	8	2,950
	全民閱讀博覽會	高雄佛光山寺	1	1,500
	兒童閱讀帶領人培訓	嘉義圓福寺、台南新營講堂、屏東講堂	3	203
	儲備講師培訓	宜蘭蘭陽別院、台北道場	2	60
	網站電腦培訓	台北道場	3	290

年度	主題	地點	場次	人數
二〇〇九年	帶領人培訓	高雄圓照寺、高雄佛光山叢林學院、高雄岡山禪淨中心	9	540
	閱讀研討會	高雄佛光山寺、台北道場、彰化福山寺、桃園寶塔寺	2	3,000
	全民閱讀博覽會	高雄佛光山寺、新北市金光明寺	1	2,800
	電腦網站設計培訓	台中惠中寺	1	120
	儲備講師培訓	台北道場	1	36
	電影讀書會培訓	台北道場	1	200
	兒童閱讀帶領人實施計畫培訓	彰化員林講堂	1	80
	讀報生命教育培訓	新北市永和學舍、新竹法寶寺	2	90
二〇一〇年	帶領人培訓	宜蘭蘭陽別院、高雄佛光山叢林佛學院、高雄岡山禪淨中心、台北嘉祿陶藝文教基金會、高雄佛光山福慧家園、新北市三重禪淨中心、高雄佛光山人間大學蔬食餐旅學苑	15	825
	閱讀研討會	桃園寶塔寺、台北道場、彰化福山寺、高雄佛光山寺	4	1,890
	全民閱讀博覽會	高雄佛光山寺、新北市金光明寺	2	3,000
	讀報生命教育培訓	彰化芳苑國小、彰化福山寺、台南南台別院、南投均頭國小、新北市三重禪淨中心、新北市永和學舍、彰化福山寺	8	804

年度	主題	地點	場次	人數
二〇一一年	兒童閱讀帶領人培訓	台北大慈佛社、新竹法寶寺、彰化員林講堂	5	280
	閱讀之旅	印度德里文教中心、大陸宜興大覺寺暨上海世博	2	65
	電腦網站教育培訓	台北道場	1	20
	公務人員專書閱讀推廣觀摩	台北國家文官學院	1	190
	電影讀書會培訓	台北道場	1	70
	教育部研習	中央圖書館	1	40
	帶領人培訓	屏東講堂、南投佛光緣、基隆極樂寺、高雄佛光山滴水坊總部、新北市泰山禪淨中心、屏東東港小琉球佛光緣、台北道場、新北市三重禪淨中心	38	1,171
	閱讀研討會	台東日光寺、花蓮月光寺、台北道場、桃園寶塔寺、高雄佛光山寺、台中惠中寺	6	3,552
	全民閱讀博覽會	高雄佛光山寺、新北市金光明寺	2	2,700
	讀報生命教育培訓	新北市板橋講堂、新北市三重禪淨中心、高雄南屏別院	4	185
	閱讀之旅	花蓮月光寺、台東日光寺、台北道場、日本本栖寺	2	60
	類型讀書會專訪	台北企業讀書會、台北教師讀書會、屏東東港小琉球讀書會	4	57

年度	主題	地點	場次	人數
二〇一二年	儲備講師培訓	台北道場	1	20
	帶領人聯誼座談會	高雄佛光山雙園堂	1	16
	動態閱讀	台北四獸山、草嶺古道	2	44
	中華民國非政府組織國際參與策略之評估與展望研討會	晶華酒店	1	200
	專題演講——「星雲模式人間佛教」	大陸山東大學	1	53
	帶領人培訓	台北普門寺、高雄佛光山寺、中國國民黨連江縣黨部（馬祖區）、台北道場八樓、新北市新店禪淨中心、馬來西亞佛光山東禪寺	12	1,872
	閱讀研討會	高雄佛光山寺、台東日光寺、台北道場、桃園寶塔寺、彰化福山寺、花蓮月光寺、澎湖海天佛剎	7	4,987
	全民閱讀博覽會	高雄佛光山佛陀紀念館、台北國父紀念館	2	3,936
	第一期書香義工培訓	新北市金光明寺	1	150
	帶領人聯誼座談會	台北內湖禪淨中心、台北劍潭古寺	2	30

年度	主題	地點	場次	人數
	閱讀之旅	高雄佛光山寺、台東太麻里、大陸西安、大陸蘭州、大陸敦煌絲路、澎湖海天佛剎	3	158
	儲備講師培訓暨講師研習	彰化福山寺、台北道場八樓	2	48
	名人論壇	台北國父紀念館	1	2,200
	激勵協進會領袖人才培訓	新北市金光明寺	1	40
	臺灣PHP素直友會新春茶話會	台北洪建全文教基金會	1	150
二〇一三年	帶領人培訓	高雄寶華寺、台北道場、台中惠中寺、嘉義圓福寺、桃園寶塔寺、荷蘭荷華寺、比利時佛光山、法國法華禪寺、台東日光寺、馬來西亞佛光山東禪寺、高雄佛光山寺麻竹園祇園廳、高雄佛光山佛陀紀念館	200	2,097
	閱讀研討會	台北道場、高雄佛光山寺、台東日光寺、新竹國立交通大學中正堂、花蓮客家文化會館、彰化福山寺、宜蘭蘭陽別院、台南南台別院	8	5,117
	全民閱讀博覽會	高雄佛光山寺、新北市金光明寺	2	3,400
	講師進階培訓	台北道場	1	30

年度	主題	地點	場次	人數
二〇一四年	帶領人聯誼座談會	花蓮月光寺、高雄小港講堂、彰化福山寺、高雄寶華寺、高雄佛教堂、高雄佛光山寺東禪樓、高雄佛光山寺法輪堂	7	865
	書香義工培訓	台北道場、彰化福山寺	6	525
	人間佛教讀書會聯合開學／結業典禮	花蓮月光寺、高雄小港講堂、彰化福山寺	3	380
	各類型讀書會	台北道場	1	9
	三好兒童讀經比賽	高雄佛光山寺	1	700
	臺灣 PHP 素直友會新春茶話會	台北洪建全文教基金會	1	200
	帶領人培訓	美國關島佛光山、日本本栖寺、台北天母會議室、桃園講堂、印尼棉蘭、新加坡、馬來西亞、高雄佛光山寺雲居樓、高雄佛光山勝鬘書院、台北道場、苗栗仁德醫專活動中心、菲律賓馬尼拉萬年寺、花蓮月光寺、新北市泰山禪淨中心	16	2,301
	閱讀研討會	桃園寶塔寺、台北道場、台東日光寺、日本本栖寺、高雄佛光山寺、台北普門寺、台南南台別院、花蓮縣客家文化會館演藝堂、台中惠中寺、菲律賓馬尼拉萬年寺	10	4,465
	全民閱讀博覽會	高雄佛光山佛陀紀念館	2	3,200

年度	主題	地點	場次	人數
	兒童閱讀帶領人培訓	馬來西亞新山禪淨中心	1	25
	閱讀之旅	大陸廣州	1	13
	帶領人聯誼座談會	新北市泰山禪淨中心	1	35
	書香義工培訓	台北道場、高雄佛光山寺麻竹園祇園廳、彰化福山寺	13	1,611
	讀報生命教育	嘉義會館、嘉義大林講堂、台南講堂、桃園講堂	4	430
	儲備講師培訓暨講師研習	台北道場、日本本栖寺	7	257
	人間佛教讀書會聯合開學／結業典禮	高雄小港講堂、彰化員林講堂、花蓮月光寺	3	275
	第一屆任林千人讀書會	台北科技大學人文廣場	1	9
	經典導讀——《華嚴經》要義十堂課	台北道場	1	680

年度	主題	地點	場次	人數
二〇一五年	帶領人培訓	加拿大多倫多佛光山、加拿大溫哥華佛光山、菲律賓馬尼拉萬年寺、新北市泰山禪淨中心、南投均頭國中、高雄佛光山大慈育幼院、南投佛光緣、澎湖海天佛剎、彰化福山寺、高雄佛光山寺麻竹園、台南慧慈寺、高雄小港講堂、彰化員林講堂、台東日光寺、台北道場、苗栗頭份宏法社、高雄鳳山講堂、屏東講堂、新竹法寶寺、大陸宜興大覺寺	22	1,900
	閱讀研討會	花蓮文創園區、菲律賓馬尼拉萬年寺、彰化福山寺、高雄佛光山寺、桃園寶塔寺、台北道場、台東日光寺、大陸宜興大覺寺	8	4,050
	書香義工培訓	高雄佛光山寺麻竹園、彰化員林講堂、新北市金光明寺、彰化福山寺	6	202
	讀報生命教育	高雄普門中學	1	43
	人間佛教讀書會聯合開學／結業典禮	新北市金光明寺、彰化員林講堂、高雄小港講堂、高雄鳳山講堂、彰化福山寺	5	1120
	各類型讀書會	台南慧慈寺青年讀書會、台東戒治所、高雄女子監獄	9	200
	教育部閱讀教育終身學習圈（期末分享會）	台北何嘉仁文教基金會	1	5
	臺灣 PHP 素直友會新春茶話會	台北洪建全文教基金會	1	5
二〇一六年	帶領人培訓	大陸北京光中文教館、台東日光寺、台南慧慈寺、英國倫敦佛光山寺、法國巴黎法華禪寺、屏東潮州講堂、高雄普賢寺、大陸深圳香海苑、高雄旗山禪淨中心、高雄鳳山講堂、日本東京佛光山、台南南台別院、新竹竹東大覺寺、高雄佛光山寺、台南講堂、馬來西亞東禪寺、馬來西亞新馬寺、新北市三重禪淨中心、桃園講堂、彰化福山寺、新北市金光明寺、新加坡佛光山、台北普門寺、日本東京佛光山、屏東講堂	78	3,061

年度	主題	地點	場次	人數
	閱讀研討會	彰化福山寺、高雄佛光山寺、台北普門寺、桃園寶塔寺、花蓮月光寺、台東日光寺、台南南台別院、新北市金光明寺	8	4,500
	全民閱讀博覽會	高雄佛光山寺、新北市金光明寺	2	2,500
	帶領人聯誼座談會	高雄旗山禪淨中心、高雄小港講堂、新北市三重禪淨中心、桃園講堂、台北普門寺、台北洪建全文教基金會	6	157
	書香義工培訓	新北市金光明寺、彰化福山寺、高雄佛光山寺、高雄旗山禪淨中心	4	115
	讀報生命教育	高雄寶華寺、高雄佛光山寺、台中土城國小、台北福林國小、新北市新店禪淨中心、台中公明國中、台中妙法寺、新北市北新國小	10	464
	儲備講師培訓暨講師研習	彰化福山寺、新北市金光明寺	2	80
	人間佛教讀書會聯合開學／結業典禮	彰化員林講堂、高雄鳳山講堂、台東日光寺、新北市板橋講堂、台南講堂	5	783
	教育部教育基金年會	國立臺灣科學教育館國際會議廳	2	130
	各類型讀書會	屏東講堂、高雄旗山禪淨中心、高雄佛教堂、高雄南屏別院、高雄寶華寺、高雄普賢寺、屏東潮州講堂、高雄小港講堂、台南南台別院、台南慧慈寺、台南福國寺、台南新營講堂、新北市金光明寺、高雄女子監獄、台東戒治所	44	402
	讀書會會議	台東日光寺、屏東講堂、高雄旗山禪淨中心、高雄佛教堂、高雄南屏別院、高雄寶華寺、高雄普賢寺、屏東潮州講堂、高雄小港講堂、高雄鳳山講堂、台南南台別院、台南慧慈寺、台南福國寺、台南講堂、台南新營講堂、新北市金光明寺	16	90

年度	主題	地點	場次	人數
二〇一七年	臺灣閱讀嘉年華會	台北市國家圖書館	1	3
	帶領人培訓	屏東講堂、新北市金光明寺、高雄女子監獄、台中妙法寺、高雄佛光山藏經樓法寶廣場、馬來西亞佛光文教中心、桃園寶塔寺、馬來西亞七寶禪淨中心、馬來西亞芙蓉佛光緣、馬來西亞東禪寺、馬來西亞南方寺、馬來西亞峇株吧轄佛光緣、新北市板橋講堂、彰化福山寺、馬來西亞怡保禪淨中心、馬來西亞檳城佛光學舍、馬來西亞洗都禪淨中心、馬來西亞六里村禪淨中心、新加坡佛光山、馬來西亞新馬寺、高雄佛光山義工會、日本大阪佛光山、馬來西亞關丹禪淨中心、日本福岡佛光山寺、馬來西亞沙巴禪淨中心、馬來西亞斗湖佛光寺、菲律賓怡朗佛光緣、菲律賓描戈律圓通寺、菲律賓宿霧慈恩寺、菲律賓獨魯萬、菲律賓萬年寺、美國夏威夷佛光山道場、巴西如來寺、高雄佛光山人間佛教研究院、台東日光寺、南非南華寺、台南南台別院、高雄佛光山寺、馬來西亞馬口禪淨中心、彰化慧德精舍（友寺道場）、福山寺、南非南華寺	98	6,492
	閱讀研討會	彰化福山寺、新北市金光明寺、台北普門寺、台中惠中寺、屏東講堂、台南南台別院、高雄南屏別院	7	3,550
	全民閱讀博覽會	高雄佛光山寺、新北市金光明寺	2	2,500
	帶領人聯誼座談會	金門金蓮淨苑、新北市金光明寺、台南慧慈寺、大陸深圳香海苑、香港東莞、馬來西亞六里村禪淨中心、新加坡佛光山、馬來西亞東禪寺、大陸宜興大覺寺	11	585
	書香義工培訓	新北市金光明寺、台北大安區活動中心、高雄佛光山義工會、彰化福山寺、香港佛香講堂、高雄佛光山藏經樓法寶廣場、香港佛香講堂	21	615

年度	主題	地點	場次	人數
	書香義工聯誼座談會	台中惠中寺、高雄佛光山藏經樓法寶廣場、新北市金光明寺	3	94
	讀報生命教育	台中妙法寺、高雄寶華寺、台北安國寺、新北市新店禪淨中心、香港佛光道場、新北市金光明寺、高雄佛光山寺、台北蘭雅國小、高雄左營國中、台北文山國中、新北市義學國中、高雄福成高中、新北市鳳鳴國中、台北福林國小、新北市龍壯國中、香港六所中小學、新北市北新國小、竹東大覺寺	48	2,271
	儲備講師暨講師研習	新北市金光明寺、台北道場	4	117
	人間佛教讀書會聯合開學／結業典禮	彰化員林講堂、新北市金光明寺、馬來西亞芙蓉佛光緣	5	463
	各類型讀書會	高雄女子監獄、彰化福山寺、台南真善美救國團、新北市金光明寺、高雄佛光山佛光精舍、馬來西亞居鑾佛光圖書館、馬來西亞珍德拜、馬來西亞南方寺、馬來西亞東禪寺、台東市戒治所、新加坡佛光山	38	1,609
	人間佛教讀書會講師共識營暨研習	新北市金光明寺、台北道場	3	68
	好書導讀	中壢禪淨中心、台中惠中寺、高雄佛光山人間佛教研究院、台北敏隆講堂	4	415
	讀書會會議	馬來西亞東禪寺	4	187
	臺灣 PHP 素直友會新春茶話會	台北洪建全文教基金會	1	5

年度	主題	地點	場次	人數
二〇一八年	帶領人培訓	中壢禪淨中心、高雄女子監獄、台北道場、彰化福山寺、新北市三重禪淨中心、新北市金光明寺、台北普門寺、大陸深圳香海苑、花蓮月光寺、台北大慈佛社、高雄寶華寺、新加坡佛光山、南非新堡禪淨中心、大陸廣州、台中惠中寺、基隆極樂寺、中華佛光青年總團、南非南華寺、花蓮月光寺、台南講堂、基隆極樂寺、桃園講堂、馬來西亞	147	4,236
	閱讀研討會	新北金光明寺、嘉義會館、台北普門寺、屏東講堂、台北道場、基隆極樂寺、彰化福山寺、花蓮文創園區、台南南台別院、宜蘭蘭陽別院	10	5,220
	全民閱讀博覽會	新加坡佛光山、馬來西亞東禪寺、瑞典、高雄佛光山寺、新北市金光明寺、菲律賓馬尼拉萬年寺	6	5,200
	閱讀之旅	新加坡佛光山、馬來西亞、菲律賓馬尼拉萬年寺	3	75
	帶領人聯誼座談會	台南南台別院、台南講堂、台北道場	6	215
	書香義工培訓	彰化福山寺、新北金光明寺、台南南台別院	29	1440
	讀報生命教育	新北市金光明寺	1	70
	人間佛教讀書會聯合開學／結業典禮	彰化員林講堂	1	120

年度	主題	地點	場次	人數
二〇一九年	各類型讀書會	台北道場、新北市金光明寺、台中佛教光明學苑、高雄女子監獄、嘉義東川里辦公室	208	3,230
	人間佛教讀書會講師共識營暨研習	新北市金光明寺、台北道場、彰化福山寺	4	120
	讀報教育感恩茶話會	新北市金光明寺	1	70
	佛學講座	台南南台別院	1	700
	教育部教育基金會年會	高雄佛光山寺	1	250
	帶領人培訓	台北道場、高雄寶華寺、韓國首爾佛光山、新北市板橋講堂、高雄佛光山叢林學院、新加坡佛光山、印尼棉蘭佛光寺、馬來西亞東禪寺、宜蘭蘭陽別院、大陸宜興大覺寺、香港佛光道場、新北市金光明寺、高雄南屏別院、花蓮月光寺、南非南華寺、南非布魯芳登禪淨中心、南非開普敦禪淨中心、南非約堡文教中心、南非德本禪淨中心、花蓮玉里佛光緣、南非新堡禪淨中心、台北普門寺、高雄佛光山寺、大陸南京天隆寺、馬來西亞新馬寺	58	5,784
	閱讀研討會	台北道場、苗栗大明寺、高雄岡山講堂、桃園講堂、屏東講堂、基隆極樂寺、新北市金光明寺、馬來西亞東禪寺、屏東潮州講堂、花蓮國立東華大學、嘉義會館、高雄普賢寺、新竹法寶寺、宜蘭蘭陽別院、台北普門寺、彰化福山寺、台中惠中寺、高雄鳳山講堂、台南南台別院、印尼棉蘭佛光寺	20	8,660
	兒童閱讀帶領人培訓	馬來西亞新馬寺	1	20

年度	主題	地點	場次	人數
	閱讀之旅	花蓮月光寺	1	66
	帶領人聯誼座談會	高雄鳳山講堂、高雄岡山講堂、彰化員林講堂、新北市金光明寺人文書院、大陸深圳香海苑	5	90
	書香義工培訓	南投清德寺	1	16
	人間佛教讀書會講師共識營暨研習	台北道場	2	35
	人間佛教讀書會聯合開學／結業典禮	彰化員林講堂、台中惠中寺、台南講堂	4	550
	讀報生命教育	新北市新店禪淨中心、台中妙法寺、台北道場、高雄鳳山講堂、高雄永芳國小、公明國小、台北麗山國小、台中甲南國小、大甲國小、台中公館國小、台中大敦國小、台北蘭雅國小、沙鹿國小、台北福林國小、台中東陽國小、新北市柑園國小、台中文湖國小、台中梧棲國小、育英國小、新興國中、桃園頭洲國小、台北松山國小、桃園新屋高中、台中四張犁國小、台北世貿中心、台北內湖禪淨中心、永寧國小、台北福德國小、鳳鳴國中	261	14,152
	各類型讀書會	新北鳳鳴國中、彰化福山寺、高雄普賢寺、新北市三重禪淨中心、台南南台別院、高雄佛光山藏經樓法寶堂、新加坡佛光山、南非布魯芳登、南非開普敦、南非南華寺、南非約堡、南非德本、南非新堡禪淨中心、大陸深圳香海苑、高雄女子監獄、台北看守所	40	1,291
	主題演講暨論壇	新北鶯歌禪淨中心、馬來西亞新馬寺、宜蘭蘭陽別院、新北市樹林區公所活動中心、桃園講堂、南非德本協會、南非開普敦	8	1,170

年度	主題	地點	場次	人數
二〇二〇年	閱讀分享會	台北誠品信義店、花蓮月光寺	2	260
	好書導讀《佛法真義》	高雄鳳山講堂	1	30
	帶領人培訓	屏東講堂、高雄佛光山叢林學院、台北道場、新竹法寶寺、花蓮月光寺、新北市金光明寺、台南講堂、嘉義圓福寺、雲林北港雲水書坊、台南福國寺、金門金蓮淨苑、澎湖海天佛剎、高雄女中監獄、高雄東光國小、高雄普賢寺線上視訊、台北道場線上視訊	38	5,160
	閱讀研討會	台南南台別院、基隆極樂寺、彰化福山寺、新竹法寶寺、台東日光寺、新北市金光明寺、桃園講堂、宜蘭蘭陽別院、花蓮阿美文物館、高雄南屏別院線上視訊、台北道場線上視訊、高雄岡山講堂線上視訊、台中惠中寺線上視訊、台北普門寺線上視訊、高雄佛教堂線上視訊	16	75,936
	帶領人聯誼座談會	高雄普賢寺、金門金蓮淨苑、彰化福山寺、南投清德寺、高雄小港宏光幼兒園、國立清華大學華德福教育中心	6	228
	書香義工培訓	台北道場	2	111
	書香義工聯誼座談會	彰化福山寺	1	40
	讀報生命教育	台北松山國小、台北道場、高雄南興國小、桃園頭洲國小、台東國立成功水產職業學校、高雄鳳山講堂、新北市金光明寺、台中明德高中、新北新店禪淨中心、台中梧棲中正國小、嘉義東石國小、台中忠信國小、永寧國小、高雄兆湘國小、台北道場	27	1,253

年度	主題	地點	場次	人數
二〇二一年	各類型讀書會	台南講堂、新竹法寶寺、新北市金光明寺、台南南台別院、台北普門寺、南投清德寺、古民國小、南投名間奕馨茶園、南投埔里青森咖啡園、國立教育電台彰化分台、南投國姓鄉、台中梧棲佛光園、新港國小、新北鳳鳴國中、高雄佛光山藏經樓法寶堂、Zoom 視訊、高雄女子監獄	74	2,743
	人間佛教讀書會聯合開學／結業典禮	台南南台別院、台北普門寺	2	362
	閱讀講座	金門金蓮淨苑、台東國立成功水產職業學校、高雄佛光山叢林學院、桃園中壢區石頭里公民會館、宜蘭蘭陽別院、台南南台別院、桃園中壢育隨損傷協會	9	1,469
	三好兒童快樂讀經暨說故事比賽	南投清德寺	1	28
	讀書會專題培訓	新北金光明寺	1	19
	人間佛教讀書會講師共識營暨研習	台北新北市金光明寺	1	23
	閱讀分享會	道場線上、高雄市立圖書館線上	5	712
	帶領人培訓	新竹法寶寺、台北道場、高雄普賢寺、花蓮線上、新北市金光明寺線上視訊、台北市普門寺線上視訊、彰化員林講堂、台中梧棲佛光園、台北道場線上視訊、台南市台南講堂、高雄佛光山寺	45	3,307
	閱讀研討會	高雄普賢寺、台中惠中寺、台北道場線上視訊、台東日光寺、花蓮月光寺、蘭陽別院、新北市金光明寺、苗栗大明寺、岡山講堂、馬來西亞線上視訊、屏東講堂、彰化福山寺、南台別院、新竹法寶寺、基隆極樂寺、桃園講堂、台北市普門寺	16	16,696

年度	主題	地點	場次	人數
二〇二二年	帶領人聯誼座談會	台北道場、新北市金光明寺線上視訊、台北敏隆講堂	4	266
	讀報生命教育	新北市永和學舍、新港國小、新北市北新國小、新北市國光國小、台北興雅國小、高雄東光國小、高雄鳳山講堂、台南岸內國小、嘉義圓崇國小、台北普門寺、台北道場線上、桃園壽山國小	27	679
	儲備講師培訓暨講師研習	新北市金光明寺線上視訊	3	30
	人間佛教讀書會聯合開學／結業典禮	彰化員林講堂	1	120
	各類型讀書會	新北市新店禪淨中心、新北市金光明寺線上視訊、南投中興新村、新北市三重禪淨中心、台中妙法寺、台北道場線上視訊、雲林北港禪淨中心、高雄女子監獄、台北大安區德安里民中心、高雄旗尾山	106	4,376
	人間佛教讀書會講師共識營暨研習	台北道場、彰化員林講堂、台中妙法寺	7	73
	專題講座	台北普門寺	1	45
	讀書會會議	新北市金光明寺線上視訊	15	105
	帶領人培訓	嘉義會館、高雄佛光山叢林學院、台北道場、台東金剛寺、新北市金光明寺、高雄普賢寺、高雄小港講堂、高雄佛光山寺、台中惠中寺、普門寺線上視訊、福山寺、鳳山講堂線上視訊、台北道場線上視訊、菲律賓萬年寺線上視訊	30	4,611
	閱讀研討會	高雄普賢寺、台中惠中寺、台北道場線上視訊、台東日光寺、花蓮鑄強國小、蘭陽別院、新北市金光明寺線上視訊、岡山講堂、小港講堂、馬來西亞線上視訊、屏東講堂、彰化福山寺、南台別院、新竹法寶寺、基隆極樂寺、桃園講堂線上視訊、台北市普門寺	17	22,753

年度	主題	地點	場次	人數
	帶領人聯誼座談會	嘉義會館、新竹法寶寺	3	225
	讀報生命教育	台北敦化國小、台北道場、高雄鳳山講堂、新北市新店禪淨中心、高雄博愛國小、蘭陽別院線上視訊	9	1,078
	人間佛教讀書會聯合開學／結業典禮	台北普門寺	1	160
	各類型讀書會	宜蘭蘭陽別院、台北普門寺、嘉義圓福寺、新竹法寶寺、台北安國寺、彰化福山寺、金光明寺	93	2,175
	人間佛教讀書會講師共識營暨研習	新北市金光明寺、新北市金光明寺線上視訊	5	60
	專題講座	高雄佛光山藏經樓法寶堂、台北道場	4	528
	好書導讀	菲律賓萬年寺、嘉義圓福寺、新北市金光明寺線上視訊	23	4,034
	讀書會會議	台北道場線上視訊、香海文化	10	69
2002至2022	總計	全球23個國家、278個城市	2,677	355,699

悅讀人間好滋味

人間佛教讀書會20週年 生活有書香2

出版策畫 人間佛教讀書會總部
照片提供 人間佛教讀書會總部

總策畫 覺培法師
執行編輯 滿穆法師・妙寧法師
採訪撰文 滿穆法師・林少雯

地址 237 新北市三峽區溪東路 266 號「人間佛教讀書會總部」
電話 (02)8676-5017
網址 reading@ecp.fgs.org.tw

出版・發行 香海文化事業有限公司
發行人 慈容法師
執行長 妙蘊法師
編輯 賴瀅如・蔡惠琪
內頁編排 蔡佩旻
封面設計 許廣僑

地址 241 新北市三重區三和路三段 117 號 6 樓
110 臺北市信義區松隆路 327 號 9 樓
電話 (02)2971-6868
傳真 (02)2971-6577
香海悅讀網 https://gandhabooks.com
電子信箱 gandha@ecp.fgs.org.tw
劃撥帳號 19110467
戶名 香海文化事業有限公司

總經銷 時報文化出版企業股份有限公司
地址 333 桃園縣龜山鄉萬壽路二段 351 號
電話 (02)2306-6842

法律顧問 舒建中、毛英富
登記證 局版北市業字第 1107 號

定價 新臺幣 310 元
出版 2022 年 12 月初版一刷

ISBN 978-626-96782-0-4
建議分類 讀書會｜人間佛教｜佛光山

國家圖書館出版品預行編目(CIP)資料

生活有書香 2：悅讀人間好滋味—人間佛教讀書會 20 週年 / 佛光山人間佛教讀書會總部合著. -- 初版. -- 新北市：香海文化事業有限公司, 2022.12
288 面；17x23 公分
ISBN 978-626-96782-0-4(平裝). --

1. 讀書會 2. 人間佛教 3. 佛光山

528.18　　111018102